Alle sieben Jahre ...

Mein therapeutischer Alltag

Julia M. Ross

Alle sieben Jahre ...

oder: In welchen Rhythmen geschieht Entwicklung?

Mein therapeutischer Alltag

Fragen und Antworten aus der Praxis für die Praxis

Bibliographische Information der Deutschen Bibliothek: Die
Deutsche Bibliothek verzeichnet diese Publikation in der
Deutschen Nationalbibliographie; detaillierte bibliographische
Daten sind im Internet unter <http://dnb.ddb.de> abrufbar.

© 1986, 2008 Julia M. Ross
Gestaltung und Illustrationen: Susanna Donau
Herstellung und Verlag:
Books on Demand GmbH, Norderstedt

ISBN 978-3-8334-6366-2

Inhalt

Alle sieben Jahre ...

oder: In welchen Rhythmen geschieht Entwicklung?

(1.–7. Jahrsiebent,
mit einem Ausblick in das
8.–10. Jahrsiebent)

Ein Erfahrungsbericht

Ich möchte mich in diesem Bericht mit der Entwicklung des Menschen in den Siebenjahres-Schritten beschäftigen, wie ich sie durch die Genogrammarbeit (therapeutisches Arbeiten mit der Biographie der Klienten, siehe S. 107) mit Klienten und Klientinnen sehen gelernt habe. Ich weiß mittlerweile, wie wichtig die Kenntnis dieser Entwicklungsschritte für die Therapie sein kann.

Meine Erfahrungen gelten nicht primär für die heutigen Kinder, sondern vor allem für die Kindheit heute erwachsener Menschen, wie sie in unseren Therapiezimmern auftauchen. Da sich meine Arbeit allerdings wesentlich mehr an Frauen als an Männern orientieren konnte, handelt der Text vorwiegend vom weiblichen Erleben. Und da mir kaum Klienten und Klientinnen von 50 und mehr Jahren begegnet sind, kann ich über die Weiterentwicklung jenseits des 7. Jahrsiebents leider nur wenige Stichworte geben.

Alle sieben Jahre …

Das erste Jahrsiebent (0–7 Jahre)

das erste Jahrsiebent ist, da es den Beginn des Lebens darstellt, von einer so grundlegenden Bedeutung, dass ich es nochmals unterteilen möchte. Die prägendsten Erlebnisse finden im ersten Jahr statt, so dass ich dieses erste Jahr besonders hervorhebe und mich ihm sehr ausführlich widme.

Das erste Jahr (0–1 Jahr)

Man kann wohl davon ausgehen, dass bereits im ersten Jahr der Aufbau der Identität beginnt. Aber ehe dieser Aufbau sich, als Leistung des Kindes, vollzieht, befindet sich das kleine Wesen vom ersten Lebensmoment an in einem Erlebnisraum, der außerordentlich abhängig ist von allen äußeren Einflüssen, Vorgängen usw. Wir kennen diese Phase alle als die Zeit, in der sich eine gesunde narzisstische Selbstliebe entwickelt – oder eben die vielfach untersuchten narzisstischen Störungen den kleinen Säugling bedrohen.

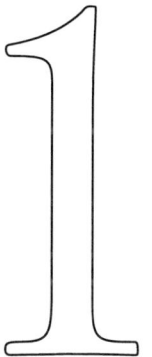

Für mich ist es im Laufe meiner Tätigkeit immer wichtiger geworden, mich um die Erlebnisse in diesem frühen Raum vor der Entstehung der Identität zu kümmern, weil sie, in ihrer Qualität, wie ein positives oder negatives Vorzeichen vor der Klammer den Aufbau der Identität beeinflussen, der die erste große Leistung des Kindes ist. Dass dieses Vorzeichen sehr häufig negativ ist, hat für mich zur Folge gehabt, dass ich mich um die Neurosen immer weniger gekümmert habe, da ich sie als Bewältigungsstrategien dieser frühen Störungen sehen lernte und vielmehr daran interessiert war, auf welche Art früher Störungen sie zurückverweisen.

Um deutlich zu machen, was ich meine, wenn ich sage, dass die Neurosen Bewältigungsstrategien für die frühen Störungen sind, möchte ich eine kleine Geschichte erzählen, die ich selber erzählt bekommen habe (und immer wieder neu erzähle, weil ich kein besseres Bild für das, was ich meine, kenne).

Sie handelt von einem Flüchtling.

Er flieht, ist auf einer gewaltigen Flucht und wird unausgesetzt verfolgt. Die Verfolger sind ihm auf den Fersen, mal sichtbar, mal unsichtbar, aber immer stellen sie eine lebensgefährliche Bedrohung dar. Während dieser Flucht gerät der Fliehende an einen Fluss, der quer zu seiner Fluchtrichtung verläuft, so dass dieser Fluss also das Ende bedeutet – entweder wird er ertrinken, oder er wird von den Verfolgern getötet werden. Und dann zeigt sich ein Wunder: Er schaut von der Klippe hinunter und sieht am Ufer des Flusses ein Boot liegen, in dem sich auch zwei Riemen befinden und ein Steuerruder. Er versucht – mit Erfolg – von der Klippe herabzuklettern und erreicht das Boot. Er setzt sich hinein und schafft es, mit dem Steuerruder und der Kraft seiner Arme quer zur Strömung das andere Ufer zu erreichen, und er kann dort landen. Ein weiteres Boot gibt es nicht, die Verfolger sind also zunächst entmachtet. Und nun entsteht in dem Flüchtenden die Erkenntnis: Bei seiner weiteren Flucht muss das Boot mitgenommen werden, denn es hat seine Rettung bedeutet, hat sein Weiterleben garantiert. Er klettert das Ufer hinauf und trägt von nun an das Boot mit sich. Boote trägt man auf dem Kopf. Das bedeutet nicht nur, dass beide Hände beschäftigt sind, sondern dass die Sichtweite stark eingeschränkt wird. Ironischerweise geht der weitere Fluchtweg nur noch über Land, so dass das Boot nicht mehr zur Rettung eingesetzt werden kann, sondern eine ständige Behinderung darstellt. Dennoch wird, wie man sich vorstellen kann, der Flüchtende dieses Rettungsmittel ganz lange Zeit auf seinem Kopf behalten, weil es ihm einmal das Leben garantiert hat. Er wird fortan also in seiner Sichtweite und in seiner Bewegungsfreiheit stets eingeschränkt sein; und dennoch wird er ein Gefühl der Sicherheit nur durch dieses Rettungsmittel erleben.

Ich werde also sicher nicht an der Entfernung des Bootes arbeiten, sondern an dem entsetzlichen Erlebnis, der tödlichen Bedrohung des ganzen eigenen Lebens, bevor das Boot erschien ...

Bevor ich mich den frühen Störungen, Verwirrungen, Defiziten und Beängstigungen zuwende, möchte ich einen Satz an die Mütter richten:

Ich weiß, nicht nur aus eigener Erfahrung, dass das Baby von seinem ersten Lebensmoment, sogar von der ersten Presswehe an, ja, die ganze Schwangerschaft hindurch eine solche Herausforderung an die Mutter darstellt, dass es überhaupt nicht verwunderlich ist, wenn neben fürsorglichen, liebevollen, andächtigen und respektvollen Gedanken an dieses Baby auch die ganz entgegengesetzte Denk- und Fühlskala durchlaufen wird, also Hass, Aggression, Überdruss und sogar Todeswünsche. Wo sich dermaßen göttliche Geschehnisse wie die Entstehung und die Geburt eines Menschen ereignen, ist es kein Wunder, wenn die dunklen Einflüsse sich ebenso melden.

Auch in der Folgezeit ist das Baby in einem so hohen Maße allmächtig und ohnmächtig, dass es keiner Mutter zu verdenken ist, wenn sie dieses Kind als die höchstdenkbare, fast nicht leistbare Herausforderung ihres Lebens betrachtet. Natürlich gilt das Gesagte auch für andere Bezugspersonen, für Väter, für die ganze Familie und auch für andere Menschen, die sich dem Baby zuwenden. Ich vermute aber, dass nichts zu vergleichen ist mit der Herausforderung und Selbsterfahrung, die die Mütter durch Austragung, Geburt und Betreuung eines Kindes erleben und erleiden.

Wenn ich mich jetzt den frühen Störungen zuwende, kann ich natürlich keine allumfassende Übersicht über alle möglichen Störungen geben.

Mir geht es hier um zwei frühe Störungen, die mir besonders bekannt geworden sind und die ich für sehr verbreitet halte.

Die früheste Störung, die mir einfällt, drückt sich in den so genannten **Dreimonats-Koliken** aus. Es handelt sich um die höchst quälenden Oberbauchkrämpfe, die fast jedes Baby erleidet und die nur mühsam mit Massagen des Bauches zu lösen sind.

Ich habe gelernt, dass diese Krämpfe dadurch entstehen, dass das Baby bis zum dritten Monat zwar Tränen weinen kann, aber noch nicht über die späteren Tränen verfügt, die ein beruhigendes Hormon beinhalten. So nützen die Tränen nichts, und das Baby wird weiter gequält. Die Ursache dieser Qual kann ein Verlassenheitsgefühl sein oder etwas Giftiges in der Atmosphäre, das das Baby ängstigt, oder ein tiefes Einsamkeitsgefühl, das dem Todesgrauen gleicht. Diese seelischen Störungen erleidet das Baby dann in dem Organ, das bereits am aktivsten ist, nämlich im Darm (man kann also auch von einer Psychosomatose sprechen). Der Darm verkrampft sich, und er verschafft dem Baby die fürchterlichsten Schmerzen. Diese Leiden an nicht zu vereinbarenden Einflüssen der Umgebung auf die Seele mit den dazugehörigen Krämpfen im Darm können sich bis ins Erwachsenenleben fortsetzen (Morbus Crohn, Kolitis ulcerosa und Colon irritabile).

Das sagt mir, dass diese Störungen von einer stark prägenden Art sind und ganz sicher ihre Neurosen nach sich gezogen haben: Wahrscheinlich sind Verhaltensweisen wie Konfliktscheu oder Harmoniesucht Bewältigungsstrategien dieser Störung, ebenso „unerklärliche" Überempfindsamkeit, diffuse Depressivität, allgemeiner Rückzug von allen Menschen oder auch ein unverständlich unsensibles Verhalten im Umgang mit der Umgebung, das seelische Berührungen und die dazugehörigen Krämpfe unmöglich machen soll.

Die zweite frühe Störung, der ich mich besonders zuwenden möchte, ist das so genannte und viel beschriebene **Borderline-Syndrom.**

Wie bekannt, ist es als Reaktion auf psychotisierende Einflüsse zu verstehen und bildet eine „Alternative" zur Psychose. Ich möchte mich dieser frühen Störung aus zwei Gründen besonders zuwenden: 1. weil ich sie aus ihrer stigmatisierenden

Diagnose (Psychopathie) herausnehmen möchte, indem ich sie besser verstehen lerne, und

2. weil ich eine sehr eindrückliche Eigenerfahrung habe, die mir gezeigt hat, wie tief in jedem Menschen verwurzelt die Anlage zu dieser Störung ist.

Bevor ich sie (nach meiner etwas vereinfachten Diagnose) erkläre, möchte ich aber auch wieder etwas erzählen. Es ist auf einer Ansichtskarte dargestellt, die ich einmal gesehen und nie vergessen habe:

Eine Henne äugt hinunter auf ihr Ei. Das Ei ist halb geöffnet, die Eierschalen liegen umher, und heraus guckt strahlend ein kleines Küken. Da sagt die Henne zu dem Küken: „Nun schau, was du schon wieder angerichtet hast!"

Es gibt nicht wenige Kinder, die eine so schwere Verletzung haben erdulden müssen, und es wird sehr leicht einzusehen sein, dass diese Kinder, in stärkerer oder verminderter Form, das von mir jetzt zu beschreibende Borderline-Syndrom entwickeln können, um zu überleben.

Man muss es sich so vorstellen, dass in diesem winzigen Wesen, das so oder anders entsetzlich verletzt worden ist, ein Entschluss gefasst wird: Ich will nicht zerfallen, meine Seele soll nicht zerstört werden, darum sorge ich jetzt für sie, und zwar ganz allein. Ich schaffe ihr einen hermetisch dichten Raum in mir, so dass niemand auf dieser Welt dieses bedrohte kleine Wesen zum Zerfall bringen kann. Die Seele wird hermetisch abgedichtet, so dass keiner sie mehr erreichen kann, denn das wäre ihr sicherer Tod.

An meiner eigenen Berührung merke ich, dass ich diese Abwehr von Verletzungen seitens einer bedrohlichen Umwelt auch aus meiner Geschichte kenne. Vor allem im Krieg habe ich es erlebt, dass meine Todesangst nur durch diese hermetische Abschottung der Seele zu bewältigen war. Und sicher gab und gibt es diese Haltung: „Nichts und niemand kann mich so verletzen, dass meine Seele zerstört wird" – als einziges Überlebensmittel für unendlich viele den Kampf mit einem übermächtigen Feind erleidende Menschen.

Und wenn ich weiter über das Borderline-Syndrom erzähle, werden Sie merken, dass auch Sie etwas davon kennen. Das Menschenfreundliche an meiner Beschreibung des Phänomens ist, dass sie alle Stadien oder alle Ausformungen, von der winzigsten, der rein situativen bis zu der tragisch totalen Ausformung des Borderline-Syndroms umfasst und damit die Aussonderung dieser Klienten und Klientinnen verringert.

Dieses kleine Wesen, das beschlossen hat, seine Seele so luftdicht abzuschließen („einzumachen"), dass sie nicht mehr verletzlich ist, entwickelt im Laufe des Identitätsaufbaues alles scheinbar so wie jedes andere Kind; es erlebt nur eine Taubheit der Gefühle dabei, die sehr oft spät erst merkbar ist.

Ich rede jetzt von der totalen Ausformung. Die Borderline-Klienten und -Klientinnen, die uns begegnen und die ihre Seele in der Kindheit hermetisch abschotten mussten, haben fortan eine sehr geringe oder fast nicht vorhandene Möglichkeit des Kontaktes zu sich selbst, des wirklichen Zwiegespräches mit dem eigenen Innern, denn sie würden ja damit die Abschottung aufheben und fortan vom Seelentod bedroht sein.

Das hat zur Folge, dass diese Borderline-Klienten und Klientinnen auch zu ihrem Gegenüber, also auch zu uns als Therapeuten

und Therapeutinnen nur einen Schein-
kontakt aufbauen können. Jeder wirkliche
Kontakt läuft ja zwischen den Seelenmem-
branen. Es klingt dann alles so ähnlich wie
Kontakt, aber wenn man diesen genauer
abhorcht, ist er eigentlich ein dauernder
manipulativer Beherrschungsversuch. Die
Borderline-Gestörten müssen sich etwa so
fühlen wie Partisanen oder wie Soldaten in
der allerersten Reihe: „Die ganze Welt ist
mein Feind", das ist ihre Grunderfahrung.
„Ich bin ganz allein, und wenn ich nicht
ständig siege, dann unterliege ich; und Unterliegen bedeutet Tod." Mit anderen
Worten: „Wenn ich mich berührbar mache
oder berührbar machen lasse, dann bin ich
so bedroht wie damals, als mir die erste fast
tödliche Verletzung zugefügt worden ist,
und das soll nie wieder geschehen. Ich kann
mir keinen Kontakt vorstellen, der diese
hohe Todesbedrohung nicht beinhaltet,
nur so, wie ich lebe, bin ich gefeit!"

So ist die Lebensauffassung der Borderline-Gestörten. Sie bauen meist starke Arbeitspersönlichkeiten auf und, dahinter,
eine phantastische Abwehr und Manipulationsfähigkeit gegenüber der Welt. Denn
siegen können sie nur, wenn sie die Welt
vollständig steuern, kontrollieren, manipu-
lieren, sie unterwerfen. Damit zusammen-
hängend gibt es in ihnen ein hohes Aggressionspotential; denn erstens ist die
Rache für die damalige Bedrohung in

ihrem ganzen System verteilt, und zweitens ist Angriff natürlich gegenüber einer feindlichen Welt die beste Verteidigung.

Es gibt Borderline-Gestörte, die dieses Aggressionspotential, aus Selbstschutz, auch noch total abschotten. Sie haben dann als einziges Rettungsmittel den autistischen Rückzug, der nicht angenehm erlebt wird (was sonst schon mal geschieht), weil er von dieser riesigen Aggression durchflutet ist. Dieser autistische Rückzug wirkt auf Therapeuten und Therapeutinnen ebenfalls aggressiv, und es ist nicht leicht, ihm mit Sanftmut und Geduld zu begegnen. Man muss sich diesen Rückzug so (fast) tödlich vorstellen wie die damit zurückgehaltene Aggression, wenn sie freigegeben würde. Gleichzeitig ist er eine schier ausweglose Falle, so dass es für die Borderline-Gestörten eine ungeheure Anstrengung bedeutet, aus ihm wieder in die Wirklichkeit hinauszutreten.

Der Versuch, mit Borderline-Gestörten therapeutisch zu arbeiten, leidet an drei Hindernissen: Die drei Hauptwerkzeuge der Therapeuten und Therapeutinnen **Kontaktfähigkeit, Solidarität, Offenheit** werden stumpf, ehe sie überhaupt angewendet werden können.

Von dem **Kontaktwerkzeug** sprach ich schon: Jede Kontaktbemühung wird als hohe Bedrohung wahrgenommen, da sie an die abgeschottete Seele rührt und deren

Abschottung zum Schmelzen oder zum Zerbrechen bringen könnte. Sie wird durchgehend abgewehrt.

Die **Solidarität,** die jeder Therapeut oder jede Therapeutin anbietet – nach dem Grundsatz: „Wir sind alle Menschen; und was du erlebt hast, kann ich unter Umständen verstehen, jedenfalls könnte es mir ebenso ergehen wie dir", wird als eine Finte aufgenommen und mit der Begründung abgewehrt: „Erstens bezahle ich, und du bekommst Geld, zweitens hast du nie dieses Entsetzliche erlebt, was ich erlebt habe, sonst säßest du nicht hier. Jede Solidarität ist also gelogen, es gibt nichts dergleichen zwischen uns!"

Die **Offenheit,** die von den Therapeuten und Therapeutinnen angeboten wird, wird sogar als Missbrauch aufgenommen. Wenn die Therapeutin oder der Therapeut, um ein Modell für Offenheit zu bieten, von sich etwas preisgibt, erfolgt z. B. die Antwort: „Was willst du eigentlich von mir, soll ich deine Mutter sein, oder was?" Das heißt, es gibt keine Membran, die diese Offenheit als ein freundliches Angebot werten könnte.

Alle drei Werkzeuge sind also stumpf; und eine Heilung der Borderline-Gestörten ist außerordentlich schwierig und kann eigentlich nur deshalb geschehen, weil es in dieser Welt auch Wunder gibt. Das Einzige, was Therapeuten und Therapeutinnen bieten können, ist eine geduldige, verstehende Demut. Unmöglich wäre der Wunsch, mit irgendeiner Struktur, irgendeiner Intervention oder irgendeinem Vorschlag siegen zu wollen, also die Situation zu bestimmen. Das ist eine dermaßen übermächtige Bedrohung der Borderline-Gestörten, dass es den Therapeuten und Therapeutinnen geschehen kann, dass sie (bis zur körperlichen Bedrohung oder Prozessandrohung) den geballten Gegenangriff erleiden müssen. Wie im einzelnen die Therapie mit Borderline-Gestörten geschehen kann, ist oft beschrieben worden, darum geht es mir im Augenblick nicht, sondern mir geht es darum zu zeigen, welch eine fürchterliche Störung im ersten halben oder Dreivierteljahr vorliegen muss, damit ein Mensch sich dermaßen abschottet. Und mir geht es auch darum, erfahrbar zu machen, dass sicher in jedem Menschen eine Situation oder mehrere Situationen gespeichert sein könnten, in denen eine Abschottung vor seelischer Berührbarkeit als einziges Überlebensmittel gewählt worden ist.

Was sind nun die Neurosen, die Bewältigungsstrategien, die daraus entspringen?

Ich denke, sie bestehen in der Entwicklung einer überaus starken Arbeitspersönlichkeit, der alle Führungspositionen offen stehen, und einer selbst gewählten tiefen und stolzen Einsamkeit, die sich bis zur

Autarkie selbst genügt. Hinzu kommt sicher auch häufig eine äußerst kritische Betrachtung anderer Menschen, die durch ihre treffende Härte und Kälte abschreckt, keinen Widerspruch erduldet und von enormem Misstrauen geprägt ist.

Leicht kann, wie man sich denken kann, auf dem Boden des Borderline-Syndroms eine faschistoide Führernatur entstehen, mit exzellenter Fähigkeit zur Verführung und zur Demagogie, aufgrund ihrer Manipulationsfähigkeit, ihrer Kontaktlosigkeit und ihrer Gefühlskälte.

Die dritte Möglichkeit der „neurotischen" Folgeerscheinung des Borderline-Syndroms ist die Gestalt des Amokläufers, der – aufs äußerste in seinem Misstrauen gereizt und maßlos in seiner Rache an der gesamten Menschheit – alles zerstört, was ihm in den Weg tritt.

Es gibt noch unendliche Ausformungen von frühen Störungen, aber ganz gewiss haben sie alle mit einer hohen Verletzung der Seele zu tun und ziehen wohl sehr häufig als Neurosen Kontaktschwierigkeiten nach sich, die sich wiederum in Psychosomatosen wie Verspannungen, Hautproblemen, Atemproblemen etc. ausdrücken können.

Wenn z. B. eine Seele nicht gelernt hat, ihr Selbstvertrauen und ihr Vertrauen in die Welt gleichermaßen zu entwickeln, dann ist eine hohe Bedrohung der inneren

Lebendigkeit gegeben, sie wird sich auf jeden Fall auswirken und sicher auch Neurosen entwickeln.

Defizite in der Bestrahlung des kleinen Wesens, Vergiftungen durch Unzuverlässigkeiten oder andere atmosphärische Gifte, sonstige Verwirrungen in diesen frühen Zeiten der narzisstischen Entwicklung sind leider dermaßen üblich in westlichen Kinderzimmern, wie vor der Entdeckung der frühen Störungen wohl kaum ein Mensch geahnt hat.

Dennoch gibt es einen Beginn der Identitätsentwicklung in jedem Kinderleben, wenn auch sehr oft mit dem Minuszeichen vor der Klammer; aber da das Leben unendlich erfinderisch ist, sterben wahrscheinlich nur wenige Menschen an den frühen narzisstischen schweren Verletzungen. Und es entstehen, wie ich durch meine langjährige Arbeit mit Biographien erfahren habe, sogar häufig die wundersamsten Rettungen der kleinen Wesen, durch die Zeugenschaft der Nachbarn oder durch die heilende Kraft von Landschaften oder von Tieren, durch die Zuwendung anderer Erwachsener oder durch das neugierige Interesse von anderen Kindern.

Es ist erstaunlich, wie die kleinen Wesen sich zu retten wissen, so dass die Entwicklung trotz allem ihren Lauf nehmen kann. Zu vermuten ist sogar, dass Schäden, Defizite, Störungen und Verwirrungen des ersten Jahres, wenn sie durch günstige Entwicklung nicht fortgesetzt werden, sondern von einer kinderfreundlichen, liebevollen Behandlung abgelöst werden, nicht derart prägende Schäden verursachen.

Häufiger ist aber sicher die Fortsetzung der eingeschliffenen Schäden, weil sie dem bereits bestehenden sozialen System weiterhin dienen und die Rollenzuschreibung unterstützen. Wir müssen davon ausgehen, dass viele der Klientinnen und Klienten, die wir in Therapie bekommen, solche „Karrieren" mitbringen, die in dieser Frühzeit begannen und nicht endeten, bis sie das Therapiezimmer betraten. Ein Beispiel solcher Karrieren möchte ich noch erwähnen:

Es betrifft die **Nichtzugehörigkeit.** Jedes Kind, das im ersten Jahr bereits gelernt hat, dass es übersehen wird, nicht dazugehört, nicht interessant oder wichtig ist und höchstens alleine überleben kann, wird lernen, dass es für Menschen unsichtbar ist. Daraus können natürlich verschiedene Bewältigungsstrategien entstehen; ich möchte mich nur einer einzigen widmen.

Wenn ein Kind die Augen der Menschen nicht auf sich gerichtet fühlt, sich also unsichtbar fühlt, wendet es sich den Dingen zu.

Es wird naturgemäß von den großen und mächtigen Dingen mit Angst geplagt sein und versuchen, durch Beschwörungen und Rituale diese Dinge zu steuern oder zu kontrollieren. Wahrscheinlich resultieren die Verhaltensweisen, die man als Zwänge diagnostiziert, aus dieser Nichtzugehörigkeit. Ich behaupte also nicht nur, dass Zwänge aus Ängsten resultieren, was allgemein bekannt ist, sondern dass diese Ängste daraus entstehen, dass ein Kind sich alleine den riesengroßen Dingen gegenübersieht, weil es zu den Menschen nicht zugehörig ist und nicht gesehen wird.

Diese Störung kann selbstverständlich, genau wie die vielen anderen, die ich besprochen habe, in eine Karriere übergehen, weil sie dem jeweiligen sozialen System, in dem der Mensch heranwächst, häufig äußerst zuträglich ist. Das heißt, der Mensch wird nicht etwa mit dieser ‚Bewältigungsstrategie' mehr gesehen oder wichtiger genommen, er wird weiterhin als seltsam und abartig abqualifiziert und so weiterhin der Macht der Dinge überlassen.

Klientinnen und Klienten, die mit der so entstandenen „Zwangsneurose" zu uns kommen, kennen sicher selten den tiefen Ursprung dieser Neurose, und es wird eine längere Zeit brauchen, bis die Grunderfahrung „ich bin für Menschen unsichtbar" erkannt und damit letztendlich gewandelt werden kann.

Es gäbe sicher noch unendliche narzisstische Störungen und ebenso viele Bewältigungsstrategien zu benennen – zum jetzigen Zeitpunkt möchte ich mit diesen

kurzen Beispielen die Reihe beschließen –
jeder kann sicher diese Betrachtungsweise
auf viele andere Neurosen anwenden.

Das zweite bis siebente Jahr des ersten Jahrsiebents (2–7 Jahre)

In diesem Zeitraum geschieht, wie jeder
weiß, unendlich viel. Ausgestattet entwe-
der mit der strahlenden Sicherheit des
Seins und des eigenen Wertes und der
Selbstliebe, gewachsen durch die Bestrah-
lung und die Berührung der Umwelt – oder
eben ausgestattet mit der Fracht der frühen
Störungen, betritt das kleine Wesen diesen
Wachstumsraum des zweiten bis siebenten
Jahres und entwickelt seine Identität.

Es gibt sicher durchaus Beispiele dafür,
dass ein Kind nach einer schlimmen frühen
Zeit im ersten Jahr eine weiterhin unge-
störte Identitätsentwicklung erleben kann,
wenn es in dem zweiten bis siebten Jahr die
Zuwendung, die Bestrahlung, die Berührung und die Wertschätzung erfährt, die ein
kleines Wesen braucht.

Nur muss man, wie erwähnt, davon ausgehen, dass diese frühen Leiden, die ein
Baby erduldet, meistens den Beginn einer
Karriere darstellen, dass nämlich die Erzie-
hungsprinzipien, die im ersten Jahr die
Schädigungen hervorgerufen haben, die
folgenden Jahre logisch und konsequent
weiterhin durchziehen. Dennoch gibt es

immer wieder Entwicklungen, aufgrund der geheimnisvollen Wachstumskräfte, die ein Kind mit auf die Welt bringt.

Spätestens im zweiten Jahr kann man schon deutlich die **fünf Säulen der Identität** an den Lebenserfahrungen des Kindes ablesen:

1. Leiblichkeit: Nach den tastenden Entdeckungen der eigenen Hände und Füße im ersten Jahr gewinnt der eigene Leib für das Kind im zweiten Jahr noch erheblich an Interesse. Er wird nach der Symbiose oder Auslieferung des ersten Jahres als etwas Eigenes und Mächtiges erlebt, die Arme und Beine werden bewusst genutzt, die Entdeckung der eigenen Exkremente ist mit Neugier und Machtgefühlen gekoppelt, die eigene Körperkraft wird zur Selbständigkeit und zum Widerstand genutzt etc.

2. Arbeit und Leistung: Nach den ersten Bewegungsentdeckungen wie Sitzen und Stehen im ersten Jahr kommt als entscheidendes Erlebnis des Kindes im zweiten Jahr das Laufen hinzu. Damit erweitert sich der Entdeckungsradius des Kindes entscheidend, der Stolz darauf ist unverkennbar, und die erste Ablösung von den Erwachsenen zeigt sich bald darauf als eigene Leistung.

3. Das soziale Netz spielt eine immer größere Rolle. Geschwister, Eltern, Freunde der Eltern, Spielgefährten der Geschwister, Nachbarn usw. werden unterschieden und mit Zuneigung oder Abwehr bedacht; die ersten Möglichkeiten entstehen, bei anderen Leuten Liebling zu werden, sich also fern dem Geschwisterkreis eine Ausschließlichkeit zu schaffen, der Radius der eigenen Entdeckungen vergrößert sich erheblich.

4. Die Sicherheit der Umgebung spielt eine große Rolle bei der Vergrößerung des Radius, die eigene Welt entsteht aus der Straße, den bekannten Geschäften, dem Spielplatz, der Badeanstalt usw. und wirkt unveränderlich sicher und bergend und gleichzeitig auch noch zu Erforschungen einladend.

5. Die Werte – man kann sicher sagen, dass für das Kind seine ganze sichere Umwelt mit Eltern und anderen Erwachsenen, mit bekannten Orten und Plätzen, vor allem aber mit der eigenen Wohnung einen Wertekomplex von entscheidender Bedeutung darstellen: „Wir sind eine Familie, wir leben so und so, wir haben uns."

Durch diese Eroberungen, Erforschungen und Radiuserweiterungen entsteht eine Lebens- und Machtfülle, die das erste Erdbeben in der Familie zur Folge hat: die heute so genannte „erste Pubertät". Früher war diese Zeit unter dem Namen „Trotzphase" bekannt. Die Wut- und Zornanfälle des Kindes, die Widerborstigkeit, Aufsässigkeit usw., dieser vehemente Selbstausdruck des Kindes, durch den es alle Grenzen immer wieder durch Überschreitung abtestet und seine eigene Macht gegenüber der elterlichen Autorität behaupten will – weil es ausprobiert, in wieweit die Eltern mit ihm kämpfen können, wo sie aufgeben oder wo der Kampf in eine Kooperation übergehen kann – diese Eigenmächtigkeit des Kindes wurde mit subtilen bis drakonischen oder sadistischen Maßnahmen bekämpft. Der eigene Wille des Kindes war gefährlich, er musste früh „gebrochen" werden, damit ein braves und folgsames Kind heranwuchs, das die Eltern schmücken konnte und sich gut leiten ließ.

Es gab und gibt sicher Kinder, die diesen vehementen Selbstausdruck in der Zeit zwischen dem 2. und 5. Lebensjahr gar nicht gelebt haben oder leben, weil der Druck der Erziehung ihn bereits im Keim erstickt hat. Sie erleben dann den ersten Sturm der Eigenmacht etwa zwischen dem 12. und 16. Jahr. Es wird gesagt, dass der um so heftiger sei, je weniger die erste Pubertät erlebt und durchkämpft worden sei.

Wenn das Kind alle diese Erfahrungen der ersten vier bis fünf Jahre, den ersten großen Kampf und die damit verbundenen Lernschritte durchlebt hat, blickt es sich um in seinem Leben und begreift: „Dies ist also meine Welt!" Es zieht zum ersten Mal eine deutliche Bilanz.

Das bedeutet auch: Es tritt einen Schritt zurück aus dem selbstverständlich gewordenen Familienkreis und nimmt sich wahr, allein und mit der intensiven Betrachtung seiner Welt, aber auch seiner eigenen Gestalt in dieser Welt, beschäftigt. Für die Familie erkennbar wird dieser Entwicklungsschritt meistens an den hochintelligenten und dringenden Fragen des Kindes. Die Fragen des Kleinkindes dienen vorwiegend dem Kontakt mit Mutter oder Vater; die Fragen des vier- bis fünfjährigen Kindes dienen der Dissoziation und der Erkenntnis. Daher ist es sehr wichtig, sich diesen Fragen so authentisch wie möglich zu stellen, ob man sie nun beantworten kann bzw. will oder nicht.

Es erfolgt auch häufig eine strenge Beurteilung der Eltern und der Geschwister, die durchaus weh tun kann und einen bange fragen lässt: Hasst mein Kind jetzt eigentlich alle Familienmitglieder?

Das Kind wirkt sogar überheblich und kühl in seiner Beurteilung der ganzen Umwelt. Dass es sich trotzdem nach Anerkennung und nach Liebe sehnt, verliert man schon mal leicht aus den Augen, und so vertieft sich schnell die innere Einsamkeit des Kindes, aus der es in die Welt blickt. Es ist durch die erste Pubertät und mit logischer Konsequenz aus ihr ein selbständig denkendes Familienmitglied geworden und braucht weiterhin Geduld, eindeutige

Anerkennung und klare Grenzen, so dass es sich in seiner neu gesehenen Welt wieder zurechtfinden kann. Hochwillkommen ist da in der Regel der Schulbeginn.

Das Kind strebt, verstärkt durch die Bilanz, nach Herausforderungen und Horizonterweiterungen. Es fühlt sich gut gerüstet für die Erfahrung dieser zweiten Welt, die die Schule bedeutet. Es findet (noch anders als im Kindergarten) neue Sozialpartner, neue Autoritäten und andere Erziehungsmethoden vor, als es in der Welt der Familie oder der Verwandten und Bekannten der Eltern kennen gelernt hat.

Es ist wohl etwa so, wie wenn man als Jugendlicher eine neue Religion kennen lernt oder eine neue Philosophie, die alles neu interpretiert. So umwälzend und so erleuchtend muss man sich die Erkenntnis vorstellen, die ein Kind durch die Einschulung und durch das erste Schuljahr erfährt.

Ganz davon abgesehen ist natürlich auch der Gewinn des Wissens großartig, wahrscheinlich für viele Kinder vor allem der Gewinn der Buchstaben, der Gewinn des Entzifferns bis hin zum Lesen. Auch die Entdeckung von Zahlen kann für viele Kinder einen enormen Schritt bedeuten. Angefangen vom unvorstellbaren (!) Alter der Eltern oder dem jetzt nachvollziehbaren Alter der Geschwister bis hin zu vielen neuen Zahlenentdeckungen in der Umwelt gewinnen die Zahlen ebenso wie die Buchstaben eine welterhellende Bedeutung.

Die zweite tiefe Erfahrung, neben der der neuen Welt und der Entdeckung des Lernens, ist die Findung der eigenen Rolle in der Klassengemeinschaft. Sie ist ganz sicher für jedes Kind ungeheuer neu und je nach Konstellation im Geschwisterkreis von spezieller Schwierigkeit und Bedeutung. Ein Einzelkind oder ein Erstgeborenes wird sicher überwältigt sein von der Masse der Spielkameraden und von der Masse der Konkurrenten, es wird aber auch dann versuchen, in der Klasse wieder die herrschende Rolle zu übernehmen oder die Verantwortung für andere zu tragen. Das zweite bis vierte Kind wird wahrscheinlich versuchen, sich einzugliedern; oder es wird vielleicht durch irgendeinen Umstand die erste Rolle bekommen und sich darin kaum zurechtfinden, sondern unbewusst wieder die zweite Reihe suchen.

Natürlich wird ein sehr narzisstisch gestörtes Kind in der Klasse auffallen – durch Umtriebigkeit, durch Verschlossenheit, durch Rückzug oder auffälliges Verhalten etc. – es wird auf jeden Fall in der Schule keinen leichten Stand haben. Aber gerade für so ein gestörtes Kind (also für viele Kinder!) ist die Entdeckung der alternativen Welt unter Umständen von rettender Bedeutung.

Wie oft habe ich gehört, dass die erste Person, die ein Kind wertgeschätzt hat, die Lehrerin der ersten Grundschuljahre ist. Dieses Erlebnis kann einen solchen Heilungserfolg haben, dass das Kind mindestens seine Arbeitspersönlichkeit in einem leuchtenden Maße entwickelt, wenn auch seine emotionale, an die Familie und an die frühen schlimmen Erfahrungen gebundene Persönlichkeit bange bleibt und sich weiter durch eigenen Nichtwert definieren mag.

Sehr oft habe ich gehört, dass Mädchen, die nach einem „strahlenden" Jungen geboren sind und keine Anerkennung genossen haben, ihre Lehrer und ihre Eltern durch ihre Leistungen für sich gewonnen haben, nachdem sie aufgrund ihres Geschlechtes keine Bewunderung und Wertschätzung der Eltern gewinnen konnten. Leider herrscht dennoch vielfach weiter das Gesetz der Mädchensozialisation (siehe „Mein therapeutischer Alltag, 1. Frage"): „Du darfst deinen Bruder nicht überflügeln, du musst in seinem Schatten bleiben oder immer Schuldgefühle haben."

Aber man kann sich vorstellen, was bei all diesen Erkenntnissen, die ein Kind in seinen ersten Grundschuljahren gewinnt, eine Umschulung bedeuten kann. Wenn die Schule für das Kind vorher ein Horrorerlebnis war, dann kann schon noch einmal eine neue Welt gesucht werden, wenn aber – was ja häufig der Fall ist – die Grundschule für das Kind die Erfahrung einer wertschätzenden Alternativwelt ist, die Erfahrung von guten Spielkameraden und Achtungserfolgen, die Erfahrungen von eigenem Wissen, eigenem Können, eigener sportlicher Bestätigung, eigener Kreativität geworden ist, dann ist eine Umschulung fast einer Lebensbedrohung vergleichbar.

Ähnlich erschütternd kann, wie man sich an den fünf Säulen der Identität abzählen kann, auch ein Umzug sein, der vielleicht aus dem Viertel wegführt, vielleicht auch aus der Stadt, auf jeden Fall aus der Schule und der neuen Welt, die das Kind für sich selbst entdeckt hat. So ein Umzug bedeutet ein Erlebnis, das im diagnostischen Sinne sogar psychotisierend wirken kann.

Als ich noch in der Kinder- und Jugendpsychiatrie arbeitete, haben wir die Diagnose für eine spezielle Störung gefunden; wir haben sie das **„Eigenheimsyndrom"** genannt: Wenn Eltern im Schweiße ihres Angesichts und natürlich „für ihre Kinder" ein Haus bauen, dann erfahren die Kinder in den Jahren sehr viel Stress und Abwesenheit der Eltern, ständige Geldknappheit und darüber hinaus den Umzug (möglicherweise auf die grüne Wiese): weg aus allem Gewohnten, aus der Wärme des Viertels, aus der Wärme der erworbenen Rolle im Kindergarten, aus der Sicherheit der erworbenen Rolle in der Schule und aus der Anerkennung durch die Erwachsenen in dieser „zweiten" Welt. So ist leicht vorstellbar, dass diese Kinder eine Entwurzelung erfahren, die die unterschiedlichsten Störungen nach sich zieht.

In dieses erste Jahrsiebent gehört – nach der lebenslangen Erfahrung der älteren – nun die neue Entdeckung jüngerer Geschwister. Vor allem das bisher einzige Kind wird häufig angehalten, sich auf das kleine Geschwisterchen zu freuen. Es erfährt bis zur Geburt noch wenig Erschütterndes: Aber mit der Geburt des neuen Geschwisters erfährt es eine völlig veränderte Familienwelt.

Plötzlich ist das Erstgeborene das große Kind; und das Zweitgeborene beansprucht in einem unverschämten Maße die Aufmerksamkeit der Mutter und die Rücksicht aller anderen Erwachsenen. Es ist eine harte Aufgabe für das Erstgeborene, ein zweites Geschwisterchen begrüßen zu müssen. Man muss einfach davon ausgehen, dass Geschwister erst einmal Rivalen sind, die ins gleiche Nest geworfen werden. (Von daher sollte die Idealisierung der Familie und der Geschwisterschaft neu untersucht werden auf ihren politisch intendierten Kern.) Man versteht erste Kinder besser, wenn man anerkennt, was sie für eine Arbeit leisten, wenn sie ein zweites oder sogar ein drittes und viertes Geschwisterkind in die von ihnen zunächst allein beherrschte Vater-Mutter-Kind-Runde aufnehmen.

Wenn also der Eifersucht und dem Schmerz Raum gegeben und nicht ständig wieder die Freude über dieses neue Lebewesen erwartet wird, dann kann ein Kind ein zweites Menschenleben in seinem Umfeld anerkennen. Es muss einfach nur genug Respekt und Geduld erfahren für seinen eigenen tiefen Schmerz und seine eingestandene (oder uneingestandene) Eifersucht.

Eine therapeutische Behandlung dieser oder anderer Probleme im ersten Jahrsiebent kann nur in der Form einer Spieltherapie erfolgen, die eine – fast unbewusste – Neuorientierung zum Ziel hat. (Da ich die verschiedenen Formen der Spieltherapie nur flüchtig und theoretisch kenne, kann ich nur auf die viele gute Literatur zu diesem Thema hinweisen.)

Das zweite Jahrsiebent
(8–14 Jahre)

nach dem ersten Lebensjahrsiebent mit seinen großen Lernschritten, Eroberungen, Auseinandersetzungen, Radiuserweiterungen und Welterkundungen kommt das zweite Jahrsiebent zunächst als eine Ernte. Der Schuleintritt, eben vollzogen oder jetzt endlich Wirklichkeit werdend, bringt mit der alternativen Welt ganz häufig begeisternde Neuorientierungen, befriedigt den heftigen Wissensdurst, bringt die mit Neugier und Lampenfieber erwarteten SozialpartnerInnen, die neuen Autoritäten und die straffe Zeitstruktur – alles willkommene Abwechslungen nach dem allzu vertrauten Familienrhythmus und dem Kindergartenleben.

Zwischen dem siebten und elften Lebensjahr gibt es häufig eine helle, glückliche Zeit voller Gewinn auf allen Ebenen, eine wachsende Unabhängigkeit von der Familie („meine Lehrerin sagt aber ...“), es gibt Erprobungen im Sport, beim Wandern, beim Schwimmen, es gibt Rollenfindungen in der Gruppe und die intensive Suche nach Freunden, Freundinnen oder einer eigenen Clique.

Diese Progression zieht auch vielfach stärker als früher die Regression nach sich – Kinderkrankheiten oder andere körperliche Unbilden erlauben den erleichterten

Rückzug aus dem Neuen und die Erinnerung an die frühere Zeit, auch das Wiedereintauchen in das Kinderreich (allein oder auch mit den jüngeren Geschwistern).

Mit der Zeit treten dann aber Wachstumsschmerzen auf, das Gefühl, nicht mehr zum Kinderreich zu gehören, auf der anderen Seite aber, bei den größeren Geschwistern, immer noch der oder die Kleine zu sein und auch da eine Randfigur zu bleiben. Der Umgang mit den Freunden und Freundinnen hilft eine Zeitlang, diese wachsende Fremdheit vor sich selbst zu verbergen.

Aber spätestens mit zehn oder elf Jahren tritt (als eine erneute Bilanz) wieder eine tiefe Einsamkeit in den Erfahrungsraum des Kindes, mit Nachtängsten, bangen Träumen, mit der Angst, ein „Findelkind" zu sein, ungeliebt, ausgegrenzt und einsam. Der gerade überstandene Zahnwechsel lässt Stolz, aber auch die Fremdheit gegenüber dem eigenen Gesicht aufkommen. Man sieht nicht mehr niedlich aus, sondern eher unausgewogen, man fühlt sich zu dick oder zu dünn, zu klein oder zu groß, schneidet beim Vergleich mit den Klassenkameraden (fast) immer schlecht ab und gerät in Gefahr, auch dort herauszufallen und an den Rand zu geraten. Diese Phase (eventuell durch die Menarche bei den Mädchen und den Samenerguss bei den Jungen zusätzlich verstört und belastet)

bringt auch vorher noch latente Ängste mit sich: vor den Eltern, die man nicht mehr gläubig als fast geschlechtslose Zufluchtspersonen nimmt und genießt, deren Verhalten zueinander man aber nun bewusst und bange wahrnimmt, sei es als Feindseligkeit oder aber auch als Zeichen ihrer Erotik und Sexualität, und vor der ganzen Erwachsenenwelt.

„Wie werde ich später mal sein? Was will ich werden?" – solche Fragen tauchen mit bangerer Tiefe auf als vorher, und es wird für das Kind immer deutlicher spürbar, ob es sich lieben kann oder sich hasst, ob es mit sich einig oder überwiegend gegen sich ist.

Schwierig ist von daher die Vorstellung, dass in dieser Zeit die Entscheidung über die weitere Schulkarriere gefällt werden muss. Sie passt zwar einerseits zu dem inneren Erleben, weil sie Neugier wachsen lässt und die gesamten inneren Umorientierungen deutlich nach außen bringt; aber sie stellt auch häufig eine Überforderung in dieser aufwühlenden Zeit dar. Das zeigt sich sehr häufig in den ersten zwei bis vier Jahren der „neuen Schule". Leistungsabfall und dadurch stärkere Vereinsamung, Uneinigkeit mit dem eigenen Selbst und wachsende Unausgeglichenheit bis zur Unleidlichkeit können die Folgen dieser inneren und äußeren Umwälzung sein.

Die Vorpubertät und die beginnende Pubertät bringt auch körperliche Veränderungen mit sich. Starke Schwankungen zwischen Lebenslust und Schwermut kennzeichnen sie und bringen, nach den friedlichen Jahren zwischen sechs und zehn, wieder ein starkes Erdbeben in den Familienzusammenhang.

In der Kinder- und Jugendpsychiatrie haben wir gelernt, wie schwierig die Therapie mit dieser Altersgruppe ist. Spieltherapie ist nicht mehr und Gesprächstherapie noch nicht angezeigt, die nervöse Unruhe herrscht vor und löst sich eigentlich nur in körperlichen Entladungen im Spiel und Wettkampf. Ein vehementer Eigensinn und Egoismus drückt die innere Erschütterung und die Entfremdung von der Familie aus. Die Absonderung aus dem „Wir", die um jeden Preis trotzige Ablehnung der gewohnten Familienregeln und die Ausprägung „eigener" (hoch reaktanter) Lebensprinzipien greifen Platz und erscheinen als ständige unbändige Provokationen mit trotziger Selbstverhärtung.

Verständlich, wenn auch schwer vorstellbar, erscheint die Tatsache, dass früher die Schule für viele Kinder mit 14 Jahren beendet war und die harte Lehrzeit begann. Die Kinder sind sicher durch die Verlängerung der Schule heute behüteter und schonender begleitet, aber der Umgang mit ihnen ist für die Eltern (und

Lehrer) eine ähnlich hohe Herausforderung, wie es damals die Geburt und Babyzeit vor allem für die Mutter war. Jede Pubertät ist mit einer neuen Geburt vergleichbar.

Das dritte Jahrsiebent (15 – 21 Jahre)

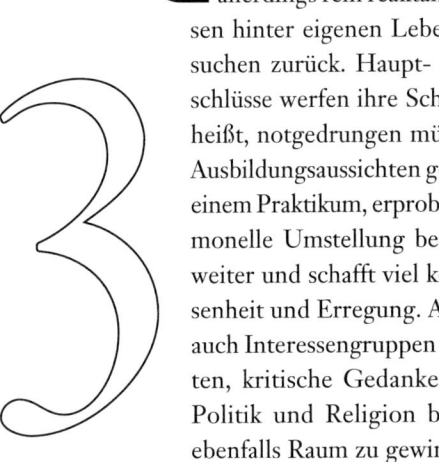

das geschilderte Erdbeben ist natürlich noch nicht beendet. Mit der Zeit geraten allerdings rein reaktante Verhaltensweisen hinter eigenen Lebensgestaltungsversuchen zurück. Haupt- und Realschulabschlüsse werfen ihre Schatten voraus. Das heißt, notgedrungen müssen Berufs- bzw. Ausbildungsaussichten geprüft und, evtl. in einem Praktikum, erprobt werden. Die hormonelle Umstellung beängstigt natürlich weiter und schafft viel körperliche Zerrissenheit und Erregung. Aber es finden sich auch Interessengruppen und Freundschaften, kritische Gedanken über die Welt, Politik und Religion beginnen langsam ebenfalls Raum zu gewinnen.

Das Gymnasium bildet einen langsameren Übertritt in die Berufswelt, eine Erweiterung der Wissensgebiete, eine Verzögerung der sozialen Herausforderungen und eine Verlängerung der kindlichen Erfahrung von Behütung und Einengung durch das Elternhaus. Aber vor allem bietet es einen stark verlängerten Zeitraum für die persönliche Berufsentscheidung.

Dieser Umstand wirkt sich nicht selten bei den Jugendlichen in einem idealisierenden, romantischen und unrealistischen Denken und Fühlen aus. Viele Jugendliche erleben und erleiden eine sozialsentimentale, unreale Verantwortung für alles Unglück der Welt, während andere in ihrer Selbstsicht zu einer ebenso unrealen Polarisierung zwischen genialer Grandiosität und tiefer Nichtigkeit neigen.

Eine tiefenpsychologische Psychotherapie ist in dieser Zeit wegen der noch nicht vorhandenen Ich-Stärke sicher nicht angebracht, wohl aber eine liebevoll führende Pädagogik mit dem Ziel genauerer Realitätserfahrung und differenzierter Erforschung eigener Möglichkeiten, Stärken, Schwächen und Verantwortlichkeiten.

Die Veränderung der Mündigkeit vom 21. auf das 18. Jahr erzeugt häufig Verwirrung bei Gymnasiumsschülern: Einerseits sind sie bereits Erwachsene, andererseits werden sie als von Elternhaus und Schule abhängige Jugendliche behandelt. Diese Verwirrung trägt zum allgemeinen Unsicherheitszustand dieser Zeit bei. Auch hierbei hilft eine pädagogisch geleitete differenzierte Erforschung der momentanen Identität, nicht aber eine Förderung pubertärer Anteile, um der Freiheit und Verantwortungslosigkeit des Schülerlebens das Wort zu reden. Spätestens mit dem Abitur zeigt sich die nächste Herausforderung, „erwachsene" Ausbildungsentscheidungen zu treffen und in eine, selten leichte, Realität umzusetzen.

Das vierte Jahrsiebent (22–28 Jahre)

In diese Zeit fällt spätestens die erste äußere Ablösung von der bisherigen Umgebung, wie Elternhaus, Pflegeelternhaus, Kleinheim oder anderen familienähnlichen Formen.

Ferner fällt in diese Zeit die deutlichere Ausprägung der berufsmäßigen Ausbildungsidentität, selbst dann, wenn in dem vorherigen Jahrsiebent durch die Schulabschlüsse bereits der Beginn einer Ausbildung stattfand oder eine erste Berufsentscheidung gefällt werden musste. Die wirkliche Berufsidentität bildet sich nach meiner Erfahrung erst in diesem Jahrsiebent.

Daneben fällt in diese Zeit eine deutlichere Findung und Ausprägung der geschlechtlichen Rollenidentität und eine bewusstere Entdeckung und Erprobung der sexuellen Leiblichkeit mit klarer gewählten Partnern oder Partnerinnen, bzw. mit differenzierterem Erleben der Angst davor und der Furcht vor Einsamkeit und Isolierung. Aus der äußeren Ablösung vom Elternhaus und der Sorge vor Einsamkeit und Verlassenheit ergibt sich die Erschaffung einer eigenen Lebensumgebung und die Bildung von Gruppen (Wohngemeinschaften oder ähnlichen Zusammenschlüssen und Cliquen) oder die Etablierung einer Zweierbeziehung, bzw. Heirat, die häufig mit ähnlichen Abhängigkeitsmerkmalen behaftet ist, wie sie im Elternhaus gelernt wurden.

Für Therapeutinnen und Therapeuten bedeutet Therapie auch in diesem Jahrsiebent, infolge der noch nicht vorhandenen Ich-Stärke, eine nur sehr eingeschränkte Förderung der Introspektion bzw. der Rückschau auf die frühen Beeinträchtigungen in der Säuglings- und Kinderzeit.

Denn eine Therapie, die sich dieser Rückschau widmet, hätte eine zu große Labilisierung und Instabilität der Heranwachsenden zur Folge. Allerdings ist die Therapie auch in dieser Zeit, was sie für mich seit einem Artikel von Alice Miller immer ist, nämlich die Zeugenschaft für die erlebte und erlittene Kindheit der Person.

Alice Miller ist, nachdem sie in einem ihrer Bücher („Am Anfang war Erziehung", 1983) den Lebenslauf Adolf Hitlers sehr schlüssig und erschöpfend untersucht hat, dem Gedanken nachgegangen, warum Geschlechts- und Leidensgenossen Hitlers nicht eine derartige Verbrecherkarriere aus ihrer frühen schlimmen Kindheit abgeleitet haben. Und sie kommt zu einem Schluss, der für mich außerordentlich überzeugend ist: Menschen mit einer so entsetzlichen Kindheit, wie z. B. Hitler sie erlebt hatte, brauchen nicht, wie er, ihre einzige Zuflucht in einer Massenmörderkarriere zu finden, wenn sie für die Leiden ihrer Kindheit einen Zeugen hatten oder haben: eine Nachbarin, eine Erzieherin, einen Lehrer, den Postboten oder sonst jemand, der von außen in die (für das Kind hermetisch abgeschlossene) Familienwelt sieht und sie benennt.

Diese Aufgabe kann auch nachträglich, aber höchst wirksam, unsere therapeutische Arbeit übernehmen. Sie kann das selbst dann, wenn sie, etwa bis zum Ende des vierten Jahrsiebents, keine Introspektion und tiefgehende Analyse der Kindheit anbietet, weil die Ich-Stärke noch nicht genügend tragen kann.

Wenn diese Zeugenschaft (durch Nachbarn, durch Lehrer, Freunde der Eltern oder TherapeutInnen) geschieht, ermöglicht sie dem Kind oder Jugendlichen, seine Welt neu zu sehen und sich von ihr zu distanzieren. Seitdem ich das weiß, arbeite ich sehr oft sorgfältig mit allen Erinnerungen etc. der Klienten und Klientinnen, vor allem ab dem fünften Jahrsiebent, und vorher, im 22.–28. Jahr, auch, aber auf eine weniger introspektive Weise, sondern vor allem so, dass der oder die Heranwachsende durch meine kritische Zeugenschaft eine neue Orientierung für die in diesem Jahrsiebent wesentlichen Aufgaben gewinnt.

Man muss davon ausgehen, dass die Stabilisierung der Jetztzeit das Hauptthema ist. Dazu gehört der kritische Abstand von der Kindheit, die Erhellung des Geistes für die Aufgaben in diesem Jahrsiebent, die Schärfung der Sinne für die eigenen Potentiale und nur eine eingeschränkte, den Abstand fördernde Rückschau in die Beeinträchtigungen der Kinderjahre zu Hause.

Der innere Leitfaden für die Therapie in diesem Jahrsiebent besteht sicher schon, wie auch später, in der Erlaubnis zu sein; in der Erlaubnis, eine eigene Identität zu entwickeln, der Erlaubnis, die eigenen Potentiale zu entwickeln, der Erlaubnis, in der eigenen Kritik am Elternhaus nicht gefangen zu bleiben, sondern sich zu distanzieren und seinen Weg in eigener Verantwortung und in Liebe zum eigenen Leben zu suchen.

Natürlich ist einer der Hauptinhalte der Therapie in diesem Jahrsiebent, neben der Entwicklung der Arbeitspersönlichkeit, die Partnerwahl. Dazu gehört die Beantwortung der Frage, wieweit man mit der Partnerwahl die Abhängigkeit fortsetzt, die man im Elternhaus erlebt hat, wieweit Mann oder Frau die eigene Identität für den Partner oder die Partnerin aufgibt, wieweit kindliche Sehnsüchte nach Geborgenheit, Symbiose, Schutz vor der feindlichen Welt etc. die Beziehung prägen.

Hier muss in der Therapie der Unterschied zwischen durchgehend kindlichen Wünschen und erwachsenen Forderungen an eine Beziehung herausgefunden werden.

Die eigene Identität und ihre Würde muss ins Bewusstsein gebracht und die Abgrenzung gelernt werden. Möglicherweise werden auch die tiefen Grenzen jeder Partnerschaft schon erkennbar. In der Regel wird sich ein Partner durch besonders symbiotische Wünsche des anderen überfordert fühlen, auch wenn er seine eigenen Wünsche dieser Art ebenso erfüllt wissen will.

Viele Partnerschaften sind durch Schwangerschaften und Geburten in diesem Jahrsiebent hoch gefordert, sogar überfordert, ganz in der Tiefe kann kein Partner und keine Partnerin das Erlebnis der eigenen Einsamkeit völlig vermeiden.

Das Thema der Elternschaft bedeutet, vor allem wohl bei Frauen, oft auch ein Ausweichen vor der eigenen Berufsidentität und muss so durchaus in die Therapie gehören. Die Therapie in diesem Jahrsiebent beinhaltet also viele Themen der Lebensbewältigung, und sie muss in ihrem Wesen einer liebevoll leitenden Pädagogik ähnlicher sein als einer tiefenpsychologischen Ausprägung.

Das fünfte Jahrsiebent
(29–35 Jahre)

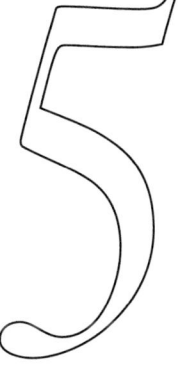

In ihm liegt zunächst mal der 30. Geburtstag, der (wahrscheinlich vor allem für Frauen) zu einem magischen Datum wird. Mit einem Mal scheint die Jugend vorbei zu sein, der Blick auf das weitere Leben verändert sich und ist oft angsteinflößend. In der Tat unterscheidet sich dieses Jahrsiebent vom vorangegangenen auf eine spezifische Weise.

Was dort abenteuerlich war: Die Entdeckung der erotischen Identität, die Entdeckung der Ausbildungsidentität, die Ablösung vom Elternhaus, die Entdeckung der Partnerschaft oder anderer Wohngruppenmöglichkeiten etc. – es handelte sich immer um Aufbruch und um, noch vom jugendlichen Alter geschützte, neue Versuche. Fehler wurden verziehen, Experimente durften fehlgehen, es gab noch, wie es schien, unendlich viele Möglichkeiten, zu einer guten Lebensentfaltung zu gelangen.

Das fünfte Jahrsiebent besteht, wie mir scheint, vielfach aus Fortsetzungen: Fortsetzungen der Arbeits- und Berufsidentität, Fortsetzung der Partnerschaft bzw. Fortsetzung des Nachwuchsthemas, Fortsetzung der Wohngemeinschaftserfahrungen oder Fortsetzung der (oft symbiotischen) Zweierbeziehung. Das macht dieses

Jahrsiebent schwierig und auch zäher als das vorige.

Ein Hauptthema dieses Jahrsiebents bei Frauen ist sicher die Entscheidung für die Karriere oder die Mutterschaft. Ganz häufig hängt die Frage ab von der genaueren Betrachtung der Partnerschaft, die sich jetzt unter Umständen bereits als alltäglich und vielleicht nicht erlebnisintensiv genug entpuppt – wenn z. B. der männliche Partner sich nur der eigenen Berufskarriere widmet o. ä. Dann wird sich ein Zweifel in der Frau melden, ob dieser männliche Partner sich überhaupt zum Vater von Kindern eignet, oder aber ob sie andererseits sich nicht auch der eigenen Berufskarriere verstärkt widmen soll.

Erste Zweifel an dem eigenen Beruf werden natürlich auch entstehen, zumal wenn er bereits zehn Jahre oder länger ausgeübt worden ist. Leicht kann jetzt eine Berufsmüdigkeit eintreten oder eine Frage: „Das soll alles gewesen sein?"

Man spricht ja bei Männern mit fünfunddreißig Jahren vom Beginn der Midlife Crisis. Etwas Ähnliches gibt es natürlich auch bei Frauen, und häufig beginnt es jetzt, im fünften Jahrsiebent. Sind schon Kinder im vorigen Jahrsiebent geboren, dann besteht auch hier eine Fortsetzung: Die Kinder kommen in den Kindergarten, sie kommen zur Schule, sie entfernen sich schon deutlich vom Elternhaus, finden neue Sozialpartner etc. (s. zweites Jahrsiebent). Für die Mütter entsteht damit die Frage: „Kehre ich zurück in meinen Beruf? Kann ich da noch mithalten? Soll ich vielleicht mit dem Neueinstieg in einen Beruf durch eine Fortbildung o. ä. eine Veränderung meines Berufszieles, meiner beruflichen Karriere probieren?"

Durchaus nicht selten fällt auch in dieses Jahrsiebent der Entschluss, ein Haus zu kaufen oder eines zu bauen. Diese beiden Entschlüsse sind überaus folgenschwer für jede Familie, die sich diesem Ziel widmet. Plötzlich gewinnen die neuen Ziele die Aufmerksamkeit der Eltern, und die Kinder verlieren viel an Zuwendung. Als ich noch in der Kinder- und Jugendpsychiatrie Therapeutin war, haben wir die bereits erwähnte Diagnose des „Eigenheimsyndroms" geprägt. (s. „Mein therapeutischer Alltag", 5. Frage und s. o. S. 38)

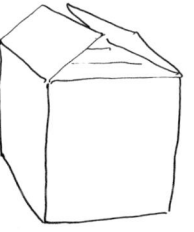

In der Regel hat für Kinder bereits die Bau- oder Kaufphase schwerwiegende Auswirkungen. Aber der Umzug in das unter vielen Entbehrungen erwirtschaftete Eigenheim bedeutet für die Kinder eventuell noch andere schwierige Folgen: eine Entfernung aus dem Viertel, eine Entfernung aus der Spielgruppe, aus der Schule oder aus der Umgebung mit Nachbarskindern etc. Wir konnten jedenfalls bei sehr vielen Kindern schädigende Auswirkungen dieser folgenreichen Familienereignisse beobachten.

Natürlich verändert sich auch das Gesamtsystem. Nicht selten geschieht Entfremdung, Spaltung oder fast unheilbare Zerrüttung im ganzen System und bedroht alle seine Mitglieder.

In diesem Jahrsiebent habe ich sehr viele Frauen (weniger Männer) erlebt, die sich zu einer Therapie entschlossen haben. Dieser Entschluss hängt zunächst mit den beschriebenen „Fortsetzungen" und dem dadurch entstehenden Überdruss- oder Langeweile-Syndrom zusammen, sicher auch mit den beschriebenen Gefährdungen der Familie. Er hängt aber auch mit der wachsenden seelischen Reife zusammen, die nach Introspektion sucht, nach tieferer Analyse des eigenen Schicksals verlangt und schwerwiegende Einsichten in das eigene Wesen bearbeiten und bewältigen lernen will, zumal eigene Kinder Mutter und Vater sehr stark an das Erleben der eigenen Kindheit erinnert.

Die Lebenssinnfrage (neben der Erkenntnis der eigenen Schädigungen) bringt viele Leute dazu, sich jetzt in Therapie zu begeben. Jetzt kann eine Therapie durchaus die verlangte Introspektion fördern, es empfiehlt sich geradezu, hier eine Biographiearbeit anzubieten, um in nachgeholter Zeugenschaft mit der Klientin oder dem Klienten zusammen aus deren gesicherter Ich-Stärke heraus die Ursprünge der Schädigungen zu bearbeiten. Ich habe selbst erlebt, welche Bedeutung ich als Klientin gewann, als in der Familientherapie für mich ein solches „Genogramm" erstellt wurde. Meine Biographie war wichtig genug, um den Ausbildungsleiter nachhaltig interessieren zu können – diese Bedeutung hatte bereits einen heilenden Einfluss! Ich gehe jetzt immer davon aus, dass es für jeden und jede ein fast erschütterndes Erlebnis von großer Tragweite ist, für die eigene Biographie Interesse zu finden. (Über den Aufbau der Genogrammarbeit erzähle ich anderenorts mehr, es würde hier den Raum sprengen; s. „Mein therapeutischer Alltag", 7. Frage.)

In dieses Jahrsiebent gehört auch häufig die bange Frage: Wo erwerbe ich neue, tiefere Freundschaften?

Diese Frage gilt verstärkt für Eltern. Da rekrutieren Freundschaften sich vielfach allein aus der Krabbelgruppe, aus dem Kindergarten oder vom Spielplatz, d. h. einzig als Freundschaften zwischen Müttern oder Eltern kleiner Kinder. Das vorige Jahrsiebent dagegen, so turbulent es auch war, brachte durch das Studium, durch die Wohngemeinschaften, durch sonstige vielfache Abenteuer eine Unmenge wechselnder, tieferer oder leichterer Freundschaften. Durch die Beendigung des Studiums, durch Mutterschaft bzw. Elternschaft oder durch andere einschneidende Ereignisse, die mit dem wechselnden Jahrsiebent einhergehen, verlieren sich häufig diese im vierten Jahrsiebent gewonnenen Freundschaften oder entpuppen sich als nicht tragfähig, nicht ernährend oder nicht interessant genug.

Die jetzige Aufgabe, neue Freunde zu gewinnen, erweist sich als schwieriger, weil durch berufliche Karrieren, durch Kinder oder durch die Partnerschaft die Zeit begrenzt und die Freiheit für eigene Abenteuer erheblich geringer ist als im vierten Jahrsiebent. In dieser Zeit neu gewonnene Freundschaften erweisen sich aber häufig als tiefer, als die des vorigen Jahrsiebents. Sie sind seltener und häufig kostbarer.

Die Beziehung zu den Eltern, die im vierten Jahrsiebent häufig vehement (und doch nur äußerlich) abgebrochen wurde, wandelt sich noch einmal. Wenn Kinder da sind, erwacht ein neues Verständnis für die eigene Mutter oder die eigenen Eltern, gleichzeitig sind diese als einspringende Hilfspersonen bei Krankheiten oder bei der eigenen Erholung von den Mühen der Elternschaft äußerst notwendig. Zugleich erkennt man aber auch, sei es in dem Umgang der Eltern mit den eigenen Kindern oder im eigenen Umgang mit beiden Generationen (wenn auch mit einem distanzierten und daher genaueren Blick) schmerzhaft die eigenen Kindheitsleiden wieder, die einen so tief geprägt haben.

Die Beziehung zu den eigenen Geschwistern wird reifer und verliert manchmal sogar die Rivalität von früher. Es ist zuweilen möglich, mit den Geschwistern über die früheren Erlebnisse untereinander und mit den gemeinsamen Eltern zu sprechen, so dass auch da eine genauere Kenntnis der Familiendynamik und der daraus resultierenden Folgen für die einzelnen entstehen kann. (Seltsamerweise zeigt sich allerdings oft das Phänomen, dass alle Kinder einer Familie den Eindruck gewinnen, völlig unterschiedliche Eltern gehabt zu haben. Dieses Phänomen sowie die Erkenntnis, dass ebenso alle Kinder verschiedene Bewältigungsstrategien, Psychosomatosen oder Verhalten entwickelt haben, ist häufig die überraschendste Feststellung dieser gemeinsamen Rückschau.)

Aus allen diesen Gründen kann im fünften Jahrsiebent der Wunsch nach einer klärenden Therapie entstehen, und diese Therapie kann aufgrund der wachsenden Seelenreife sehr fruchtbar werden.

Abschließend kann man sagen: So stürmisch das Tempo im dritten Jahrsiebent und auf anderen Gebieten auch im vierten war, so langsam, von scheinbarem Stillstand geprägt und eher zäh kann sich das Tempo des fünften Jahrsiebents dem Erleben darstellen.

Das sechste Jahrsiebent (36–42 Jahre)

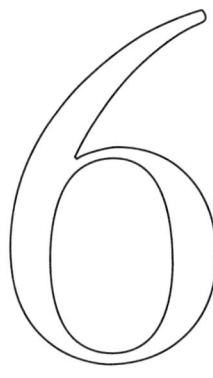

ähnlich wie am Beginn des fünften Jahrsiebents entsteht ein kleiner Schock. Die Zahl „35" gilt bereits als „Lebensmitte", und in der Zahl „40" winkt bereits das Alter. Die Midlife Crisis kann sich noch vertiefen.

Auf mehreren Ebenen stellt dieses Jahrsiebent eine Herausforderung dar: Auf der beruflichen Ebene kann der erlernte Beruf sich als endgültig nicht mehr interessant entpuppen, oder der Wiedereinstieg nach den Kindern mag sich als schlecht vorbereitet oder aufgrund der Arbeitsmarktlage als äußerst schwierig erweisen.

Wenn Kinder da sind, werden sie sich in diesem Jahrsiebent immer mehr verselbständigen, sie werden in die Pubertät kommen (s. drittes Jahrsiebent) oder auch durch die Vorpubertät mit allen wachsenden Entwicklungserdbeben für die bisherige Balance der Familie eine fast zu hohe Herausforderung darstellen.

Die Partnerschaft kann sich endgültig als überflüssig, mangelhaft, in Langeweile ersterbend oder der eigenen Entwicklung feindlich erweisen. Freizeitbeschäftigungen, wie z. B. Sport, Abenteuerurlaube etc., entpuppen sich als nicht mehr erfüllend oder lästig. Tiefere Freundschaften werden gesucht und selten gefunden. Die Einsamkeit wird verstärkt erlebt.

Die eigene Attraktivität erfährt eine Krise: selbst wenn sie in den frühen Jahrsiebenten bereits in Zweifel gezogen wurde – im sechsten Jahrsiebent wird die Krise häufig stärker. Die Beziehung zu den Eltern kann auch problematischer werden, weil die Eltern durch fortschreitendes Alter starrsinniger, pflegebedürftiger, fordernder oder anklagender werden können. Die eigene biologische Schwelle winkt auch mit dem 40. Jahr, und es beginnt die erneute Sinnfindung für das eigene Leben.

Mächtig meldet sich ein Individuationsprozess der Frau und auch des Mannes. Frauen suchen häufig Zugang zu ihrer Spiritualität in Religion oder Esoterik. Viele Männer wenden sich anderen Frauen zu, sei es, um ihre Attraktivität zu erproben oder um ihren bisherigen Partnerinnen ihre Autonomie und Freiheit zu beweisen. Beide Geschlechter leiden an Depressionen, der Verbrauch von Psychopharmaka steigt in dem Maße, wie eigene Sinnfindungsprozesse keine Duldung durch die Gesellschaft erfahren. Kurzum, dieses Jahrsiebent unterscheidet sich von dem vorangegangenen durch eine heftige, turbulente und auch schwierige Dynamik.

Die Therapie, zu der sich immer mehr Leute zu diesem Zeitpunkt entschließen, wird mühsamer, weil sie es mit schwerer zu lösenden Seelenprozessen zu tun hat, aber sie wird das vermehrte Seelenpotential nutzen können, um tiefe frühe Schädigungen aufzuarbeiten, um die Sinnfindung zu unterstützen, die Individuation zu fördern und die Partnerschaft bzw. die bisherige Lebensweise überhaupt kritisch und gewinnbringend zu beleuchten.

Infolge der Erschwernisse, die in diesem Jahrsiebent erfahren werden, ist es natürlich wichtig, den persönlichen Prozessen nicht mit oberflächlichen Erleichterungsangeboten zu begegnen. Das Leiden an diesem Jahrsiebent muss ernst genommen werden und kann nicht wie eine „Macke", wie eine Neurose, durch ein Rezept relativiert werden.

Vor allem muss die Solidarität greifen, damit der Klient oder die Klientin sich nicht patientisiert fühlt, sondern spürt, dass sie oder er ein Lebensthema erleidet, dass jede und jeden irgendwann ergreift. Es muss sogar zur Geduld gemahnt werden, obwohl dieser „Gang durch die Geröllwüste", wie ich dieses Jahrsiebent gerne nenne, natürlich möglichst schnell beendet werden möchte, während aber die Seele einfach noch nicht so weit ist. Dass sich in diesem Jahrsiebent vermehrt Psychosomatosen einstellen und ihre Rätsel dem Klienten oder der Klientin aufgeben, ist sicher einleuchtend.

Bei psychosomatischen Klienten und Klientinnen empfiehlt es sich auf keinen Fall, die These zugrunde zulegen, dass sie deswegen an Psychosomatosen leiden, weil sie „nicht fühlen wollen" (s. „Mein therapeutischer Alltag", 3. Frage). Jede Psychosomatose ist eine Gabe des Körpers, der der Seele die unzumutbare Last von Trauer oder unbewältigten Problemen abnehmen will. In der Regel kann sogar durch eine Psychosomatose mit einer größeren Heilungsfähigkeit der Seele gerechnet werden, wenn man nur Geduld hat. Man kann im allgemeinen darauf hinweisen, dass die Seele in diesem Jahrsiebent große Aufgaben zu bewältigen hat. Wenn dieses geschieht, können der Leib und auch die Seele fähig sein, mit der Herausforderung zu leben und sie letztlich zu bestehen. In der Therapie kann sogar der Mut angezündet werden und wachsen, diese Zeit als geradezu abenteuerliche Herausforderung zu betrachten und alle bisher gewachsenen Kräfte für sie bereitzustellen.

Diese zuversichtliche These bezüglich der Seelen- oder Leibestragfähigkeit gilt sogar bei persönlichen Schicksalsschlägen. Ich habe eine 40-jährige Klientin erlebt, die ihren Mann gerade verloren hatte. Obwohl sie versuchte, mit der Trauer zu leben, erlitt sie eine Reihe von Psychosomatosen, die sie sehr verunsicherten. Durch unsere gemeinsame Geduld zeigten sie endlich ihren Sinn: Es war meiner Klientin psychisch lange nicht möglich gewesen, damit zu leben, dass sie nicht nur um den Verlust ihres Mannes trauerte, sondern seinem Tod auch als eine ungeheure Befreiung auf ihrem Weg zu sich selbst erlebte. Diese Entdeckung konnte sie erst verarbeiten, nachdem ihr Leib sie monatelang durch seine Leiden vor dieser (erschreckenden) Erkenntnis bewahrt hatte.

Der Beginn der Individuation unter Schmerzen, Schuldgefühlen und körperlichen Leiden gehört zu den wesentlichen Aufgaben in diesem Jahrsiebent. Noch scheint kein Licht, noch herrscht Angst, Chaos und Panik, aber unter allen Leiden bereitet sich die neue Lebensmöglichkeit vor – und diese Ahnung ist immer wieder spürbar und gibt Kraft für den schweren Weg.

Das siebente Jahrsiebent
(43 – 49 Jahre)

nachdem ich häufig die Leute, die bei mir in Therapie sind und sich zwischen 35 und 42 Jahren befinden, mit der Aussicht auf das siebente Jahrsiebent vertröstet habe, das Erfüllung, Blüte und Frucht auf geistigem Gebiet bringen soll, finde ich sie dann zu Beginn dieses Jahrsiebents völlig enttäuscht wieder, weil sich diese Verheißung scheinbar nicht erfüllt.

Natürlich ist dieses Jahrsiebent auch noch weiterhin von Leiden und Entwicklungsschmerzen bestimmt, aber nach dem „Gang durch die Geröllwüste" des sechsten Jahrsiebents kündigt sich hier sehr viel mehr Bewegung ins Licht an, selbst wenn sie immer noch von schweren Entscheidungen und bangen Neuanfängen gesäumt ist. Die Individuation gewinnt trotz allem Gestalt, auch wenn die Hinwendung zu der eigenen Person weiterhin mühsame Arbeit bedeutet. Gerade für Frauen, die sich vorher in dem Leben für die Familie, für den Mann, für seinen Beruf und sein Behagen erschöpft haben, winkt in diesem Jahrsiebent, verborgen oder offen, die Verheißung eigener Individuation, geistiger Blüte und Frucht, die sich in souveränen Entschlüssen und Veränderungen alles bisher Gewohnten entfalten kann.

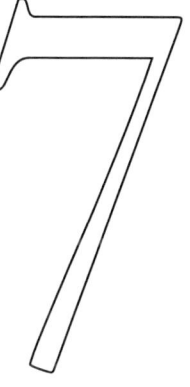

Die Hinwendung der Frau zu sich selbst beinhaltet aber auch die Arbeit an der eigenen Akzeptanz. Sie ist nicht einfach; aber in diesem Jahrsiebent kann sie bestrahlt werden von einer neuen Einstellung zum eigenen Alter und zur eigenen Attraktivität: Da man eh über 40 ist, können die Maßstäbe, die für „Jugendliche" anwendbar waren, sowieso nicht mehr gelten. Man hat eine Art Freibrief, sich noch einmal neu zu definieren; spätestens jetzt kommt man in Werbeanzeigen nur noch vor, wenn um die „reife Haut" oder für den „junggebliebenen Elan" geworben wird, man kann sich also mit Lachen noch einmal selbst gestalten.

Viel tiefer berührend ist für die meisten Frauen die Akzeptanz der eintretenden Menopause, d. h. der Übergang in die dritte Lebensphase – nach dem prämenstruellen Mädchen über die menstruierende reife Frau in die Phase, die früher bereits die greisenhafte genannt wurde. Das hatte sicher nicht allein mit der damaligen geringen Lebenserwartung zu tun, sondern damals (und auch heute) mit der Interpretationsmacht des Patriarchats. Die Akzeptanz der postmenstruellen Phase beinhaltet auch heute, bewusst oder unbewusst, häufig den Abschied von der erotisch-sexuellen Anerkennung durch Männer.

Dennoch kann die Individuation und die Selbstakzeptanz der Frau entscheidend unterstützt werden. Der anstehende

Abschied von der früher lebensnotwendigen Anerkennung durch den Partner, durch die Vorgesetzten, durch die Gesellschaft kann Freiheit, Selbstbestimmung und ein wachsendes Interesse für die eigene Person mit ihren ureigenen Gesetzen und Prägungen mit sich bringen.

Die Aufgabe beinhaltet aber auch, dass der Lebenssinn nicht mehr außen, sondern im eigenen Sein gesucht werden muss. Dieser Schritt ist nicht einfach zu gehen.

Während die Frau in ihrem ganzen bisherigen Erwachsenenleben mit einer Sinnerfüllung durch ihre Unentbehrlichkeit für die Herkunftsfamilie, für die eigenen Kinder und den Familienfrieden bzw. für die Chefs, die Kollegen und die Geschäftshierarchie identifiziert war, ist sie nun mit der Sinngebung durch sich selbst konfrontiert (die Kinder entwachsen ihr, der Partner geht eigene Wege, die Gesellschaft interessiert sich für die Jugend etc.). Das erzeugt einerseits nicht nur Erleichterung, sondern andererseits auch Zweifel an der eigenen Bedeutung in der Welt.

Die Hinwendung zu sich selbst ist von daher kein rein triumphaler Weg, sondern muss immer neu aufgesucht und eingeübt werden.

Überraschend allerdings kann eine neue Wirkung auf die Umwelt sein: Die Gelassenheit und die Einigkeit mit sich selbst wirken anziehend, auf Jüngere mutmachend und auf viele Menschen geheimnisvoll wohltuend und befreiend. Die Frau erfährt zunehmend Respekt und Hochachtung, auch im Geschäftsleben.

Letztendlich kann durch dieses vielschichtige Wachstum durchaus auch eine neue, erfrischende Lust an der eigenen Erotik und Sexualität entstehen, die natürlich auch für die Umwelt spürbar ist: Es entstehen häufig neue Begegnungen mit dem anderen oder dem eigenen Geschlecht, denn es entsteht vor allem, als Grundlage für diese Begegnungen, die Möglichkeit, allein zu sein, ohne einsam zu werden, die Fähigkeit, sich nicht rudimentär, sondern frei und vollständig zu fühlen.

Die eigene Lebensumgebung wird dem eigenen Geschmack angepasst, nachdem sie vorher dem fremden Geschmack der Familie, der Umgebung oder anderer Notwendigkeiten angeglichen war, die Beziehung zum Beruf wird eher unabhängiger, was häufig zu überraschenden Steigerungen in der beruflichen Karriere führen kann. Die innere wachsende Unabhängigkeit bestimmt weitgehend das Gefühl für die Welt.

Das eigene Wachstum wird von der Frau letztlich oft mit großer Befriedigung und Dankbarkeit hingenommen, und nicht selten entsteht eine erneute tiefe Hinwendung zu einer wie immer orientierten Religiosität. Nach dem Hader der vorigen beiden Jahrsiebente kann durchaus eine verstärkt wachsende Dankbarkeit erscheinen, auch das Gefühl, geführt zu werden, kann hier und da beglückend auftauchen.

Es kann auch häufig geschehen, dass die Beziehung zu den eigenen Eltern gelassener und erbarmender wird, der Abstand zu ihnen ist einfach durch die Jahrsiebente und ihre Herausforderungen an die Seele geschaffen worden. Auch die Beziehung zu den heranwachsenden Kindern wird oft freier und entspannter. Aber: Die Kinder müssen mit Überraschung oder Befremden feststellen, dass die Eltern sich ihrerseits ablösen, wo sie doch das Vorrecht, sich abzulösen, als ihr eigenes betrachtet hatten und das Tempo hierfür selbst bestimmen wollten!

Wenn Menschen in diesem Jahrsiebent in die Therapie kommen, kann man mit einem tief gewachsenen Seelenreichtum rechnen, so dass viele Lebenserweiterungen gefördert werden können. Und man kann, sofern noch Verzagtheit oder Ungeduld erlitten werden, auf die bereits sichtbaren Erfolge in der Individuation hinweisen und Mut machen für die weiteren Schritte, auch wenn Schmerzen und Wachstumsknoten immer wieder auftreten werden. Es ist in der Therapie wichtig, herauszustellen, dass die Aufgabe in diesem Jahrsiebent die volle Entfaltung der Individuation ist, und dass es nicht verboten ist, auch als Frau sich selber zum Mittelpunkt des eigenen Interesses und der eigenen Verantwortung zu machen, und die opferbereite Hinwendung an die Umgebung zu verabschieden.

Gerne empfehle ich für diese Arbeit die Erstellung eines Horoskops, und ich arbeite ebenso gerne mit dem Tarot. Für die großen und tiefen Schritte, die dieses Jahrsiebent kennzeichnen, halte ich eine Arbeit mit solchem und anderem projektiven Material für äußerst günstig, da sie die geheime rechtshemisphärische Weisheit und die Intuition zu Hilfe nimmt und dabei noch einmal weitreichende und tiefe Kräfte freisetzt.

Diese Kräfte werden zunehmend in dem folgenden, also dem achten Jahrsiebent gebraucht, denn es bedeutet wieder, nach der „Ernte" des siebenten Jahrsiebents eine neue Orientierung zu finden. Es bedeutet weitere Seelenarbeit.

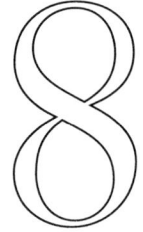

Denn die Entwicklung geht natürlich weiter bis zum Tod. So wie im 8. Jahrsiebent (50 – 56 Jahre) häufig eine Neuorientierung geschieht, die noch einmal die Arbeitsidentität anders beleuchtet und anfragt und in der emotionalen Identität neue Schwankungen und Krisen mit sich bringen kann, so bringt das 9. Jahrsiebent (57 – 63 Jahre) für diese Krisen eher wieder eine neue Beruhigung und Klärung. Ich vermute (durch eigene Erfahrungen bestätigt), dass der

Frieden, die Gelassenheit und das Seelen-
wachstum mehr und mehr diese späten
Jahrsiebente prägen, selbst wenn punktu-
ell immer wieder mal Krisen erlebt und
erlitten werden.

Die Entwicklung muss sich auf jeder
Stufe mit den eigenen alten Mustern von
Störungen und Bewältigungsmechanismen
auseinandersetzen. Keine Therapie und
kein mentales Training können diese
Grundmuster eliminieren. Aber die Seelen-
arbeit der früheren Jahrsiebente lässt mehr
und mehr den Frieden und die Geduld ein-
kehren und hilft, diese Altersjahrsiebente
zu bestehen, deren größte Aufgabe letztlich darin besteht, sich dem eigenen Sterben und Tod zuzuwenden und beides in
Frieden zu bejahen.

Mein therapeutischer Alltag

Fragen und Antworten aus der Praxis für die Praxis

Mein therapeutischer Alltag

1. Frage: Gibt es einen Unterschied zwischen der Therapie mit Männern und der Therapie mit Frauen?

Ja, für mich gibt es einen sehr deutlichen Unterschied. Dazu möchte ich erst ein wenig über die klassische Frauenentwicklungsstörung und die klassische Männerentwicklungsstörung erzählen. Ich bin mir darüber im Klaren, dass Männer auch Frauensozialisationen erlebt haben können und Frauen Männersozialisationen, so dass für diese Menschen nicht das jetzt als klassisch zu beschreibende Entwicklungsbild gilt. Dennoch finde ich es wichtig und erbaulich, sich einmal klar zu werden, wie die „normale", d. h. im Patriarchat selbstverständliche Sozialisation der verschiedenen Geschlechter aussieht.

Ich beginne mit der **Mädchensozialisation,** ich nenne sie mit meiner bitteren Ironie: die „Erstausstattung der Mädchen".

1. Ein Mädchen darf nie wieder verletzen, nachdem es seine Mutter beim Austritt aus ihrem Leib verletzt hat, ohne der erwünschte Junge zu sein.

2. Ein Mädchen darf nie spüren, wenn es verletzt wird, aus oben beschriebenem Grund.

3. Ein Mädchen hat kein Recht auf eine Intimsphäre, auf Geheimnisse, auf wirkliches Alleinseinkönnen, auf die Ausprägung einer von der Mutter unabhängigen Identität. Es muss ständig wie ein aufgeschlagenes, gläsernes Buch dastehen, um für die Mutter jeder Zeit verfügbar zu sein und die Gedanken der Mutter kritiklos übernehmen zu können.

4. Ein Mädchen darf keinen Erfolg haben, wenn die Gefahr besteht, dass dieser Erfolg ein männliches Familienmitglied in den Schatten stellen könnte.

5. Ein Mädchen darf nie erfolgsorientiert für sich selber kämpfen (selbstverständlich aber für andere). Es darf jedoch seine Kraft nicht in die Durchsetzung eigener Ziele stecken, denn diese Kraft gehört der Familie, dem Umfeld, im weitesten Sinne der (patriarchalen) Gesellschaft.

Wenn also eine Frau sich erdreistet, etwas Eigenes in die Welt zu setzen, entweder ein Kind zu bekommen oder ein geistiges Werk ins Leben zu rufen, z. B. eine Gruppe zu gründen oder ein Projekt zu verwirklichen o. ä., (wenn sie also dermaßen dreist in die Männerwelt einbricht), dann ist die logische Folge, dass sie sich für dieses Werk von nun an opfern muss. Das heißt: Sie darf nie wieder dieses von ihr in die Welt gesetzte Werk verlassen. Das heißt z. B.:

Eine Mutter muss sich bis an ihr Lebensende für ihre Kinder aufopfern, oder eine Therapeutin muss für eine Gruppe zur Verfügung stehen, die sie einmal ins Leben gerufen hat, bis die Gruppe sie ausspeit

und nicht mehr haben will. Sie
hat kein innewohnendes Recht,
diese Gruppe zu beenden. Es wird
ihr angelastet, als sei es ein Mord
an ihren eigenen Kindern. Das
Gleiche gilt natürlich auch für Jobs,
die von Frauen besetzt werden,
zumal wenn der Träger die Kirche
ist. Diese Jobs zu verlassen heißt,
unkollegial und verräterisch zu
werden, illegal zu handeln, böswillig
im Stich zu lassen, das Ego über
die Gesetze des Opfers zu stellen.

Diese Mädchensozialisation gilt nach meiner Erfahrung für heute erwachsene Frauen. Ich weiß nicht, wie weit hinunter in die jetzige Kindergeneration diese Beobachtungen von mir stimmen. Ich benenne sie dennoch so scharf, denn es gilt natürlich auch, winzige Ansätze davon auch heute zu durchschauen.

Als ich selber diese Erfahrungen machte (mit meinen eigenen Kindern und auch mit Gruppen, die ich selber ins Leben gerufen und dann auch wieder aufgelöst habe), wurde mir klar, weshalb ich früher, als „Der kleine Prinz" von Antoine de Saint-Exupéry ein Kultbuch war, dieses Buch gehasst habe, natürlich ohne dass ich es mir eingestehen oder irgendjemandem erzählen durfte, da ich damit ein Sakrileg am guten Geschmack, am Kult, beging: In diesem Buch wird davon gesprochen, dass man für das, was man zähmt, sein Leben lang verantwortlich ist. Diese Lehre stimmte natürlich hervorragend mit den von mir gelernten Lehren (s. o.) überein.

Was ich bisher über die Mädchensozialisation geschrieben habe, steht natürlich bereits in dem ersten Buch von Alice Miller „Das Drama des begabten Kindes" (1979). Ich bin allerdings der Überzeugung, dass die von Alice Miller vertretenen Grundsätze schnell wieder in Vergessenheit geraten sind, da wir im Patriarchat leben. Daher habe ich diese Überlegungen noch einmal dargelegt.

Zur Jungensozialisation:

Christiane Olivier spricht in ihrem Buch „Jokastes Kinder" (1988) über die Symbiose, also über das erste Jahr zwischen Mutter und Sohn oder Mutter und Tochter. Sie sagt (Christiane Olivier ist ungefähr in meinem Alter, also wieder betrifft es zunächst die Leute, die heute erwachsen oder junge Erwachsene sind), die Symbiose zwischen Mutter und Sohn sei, anders als mit einer Tochter, ihrem Wesen nach erotischer Natur.

Das stellt nun weder einen Vorwurf an die Mutter dar, noch ist es eine in sich tragische Feststellung. Aber es hat zur Folge, dass diese symbiotische Nähe zwischen Mutter und Sohn in diesem das Gefühl erweckt: „Ich bin der Prinz meiner Mutter."

Die Autonomie des Sohnes beginnt mit etwa 1 – 2 Jahren, dann in der Regel mit dem ersten Nein zu dieser Symbiose. (Wie jeder weiß, besteht häufig die spätere männliche emotionale Autonomie auch vor allem im Neinsagen.)

Der Sohn muss dieses Nein an die Mutter richten, weil er (in seiner Phantasie) fürchten muss, von der Mutter in ihrer Liebe verschlungen zu werden, und es muss um so schärfer sein, als seine Sehnsucht in ähnliche Richtung geht, nämlich mit ihr ständig eins zu sein. Der Sohn wird also fortan seine Mutter mit diesem Nein zurückweisen, sogar das Mitgefühl mit ihr verweigern und seine Abgrenzung der Mutter gegenüber besonders pflegen, um von ihr nicht abhängig, sondern autonom zu sein.

Wie man bereits hört, spreche ich hier auch über von Männern überlieferte Therapieregeln. Abgrenzung bzw. Abstinenz ist eine der wichtigsten von Männern vertretenen Grundregeln für Therapeuten. Jede Empathie bedeutet schon die Gefahr der Konfluenz mit dem Klienten oder der Klientin, also der Verlust der eigenen Autonomie. Ich höre in diesen männlich überlieferten Therapieregeln eigentlich nur Nachrichten aus männlichen Kinderzimmern. Der peinliche Umstand dabei ist der, dass in diesen Therapieregeln deutlich wird, dass die Lehrer dieser Regeln ihre PatientInnen immer mit ihren Müttern zu verwechseln scheinen.

Die Symbiose zwischen Mutter und Tochter verläuft in aller Regel aerotisch und deswegen nicht so befriedigend für die Tochter und für das Beziehungsband mit der Mutter. Von daher (sagt Christiane Olivier), lernen die Mädchen viel eher sprechen als die Jungen, sind viel eher trocken, viel eher sauber und viel eher und viel durchgängiger bemüht, die Mutter zu imitieren, d. h., groß und selbständig zu sein, der Mutter zu zeigen, dass sie gut sind. Diese Anstrengungen nehmen sie auf sich, um das Beziehungsbild mit der Mutter herzustellen, das zwischen Mutter und Sohn selbstverständlich vorhanden ist.

Die soeben beschriebene Symbiose zwischen Mutter und Sohn kann ihrem Wesen nach günstig oder ungünstig, positiv oder auch negativ verlaufen. Es ist jedoch durchaus häufig der Fall, dass die Söhne wirklich in Gefahr sind, von der Mutter für ihren Schmuck missbraucht zu werden, für ihre Bedürfnisse nach Bedeutung hergenommen zu werden oder von ihr abhängig gehalten zu werden, sei es emotional, geistig oder sozial.

Abgesehen davon besteht eine große Gefahr bei Jungen, die bei den Mädchen entfällt. Der erste Begrüßungsschrei der Mutter, die einen Jungen geboren und damit ihren eigenen (selbstwertlosen) Frauenleib aufgewertet hat, lautet: „Es ist ein Junge!"

Diese Freude bleibt in der Regel nicht ungetrübt, denn neben der Geschlechtszugehörigkeit weist natürlich auch ein Junge spezielle Eigenschaften der Persönlichkeit, der Charakterbildung und der Entwicklung auf, die überaus häufig, wie ich festgestellt habe, mit dem Idealbild des Jungen im Kopf der Mutter nicht zusammenpassen, so dass die Schädigung der Jungen sich in der Doppelaussage zeigt: „Du bist ein Junge! (Aber doch nicht so ein Junge!)"

Das heißt, ein Junge wächst häufig damit auf, etwas Wunderbares zu sein und gleichzeitig nie das erwünschte Ergebnis zu erbringen.

Diagnostisch gesehen wächst ein Junge also sehr viel mehr als ein Mädchen mit der Verheißung der Grandiosität und gleichzeitig mit der Gefahr des Absturzes in die Nichtigkeit auf.

Beides streitet in dem Jungen gleichwertig miteinander, so dass der dornige Weg, die Mitte zu finden, d. h., auch schon mal „mittelmäßig" zu sein, für einen Jungen die schärfste Herausforderung des Lebens bedeutet. Von daher findet man Leistungsverweigerungen bei Jungen sehr viel häufiger als bei Mädchen. Man weiß ja auch aus den Generationen der eigenen Mütter oder Großmütter, dass immer gesagt wurde: „Einen Jungen kriegt man schwerer groß als ein Mädchen." Darin lag immer ein Ansporn, den Jungen sorgsamer zu pflegen, ihm mehr Liebe zu geben, mehr Geduld zu üben und mehr Nachsicht walten zu lassen, um irgendwann vielleicht doch das Idealbild eines männlichen Nachkommen in ihm zu erkennen.

Die Ursache hierfür sehe ich, wie gesagt, in der sehr tief gehenden präverbalen Symbiose zwischen Mutter und Sohn, die das Kind lange in diesem abhängigen, geliebten Zustand halten will, so dass Jungen häufig verwöhnter sind und verzärtelter aufwachsen als Mädchen. Daraus folgt, dass Jungen sehr bald in ihrem Leben, wahrscheinlich im Schulalter, zwischen der Erwartung ihrer Grandiosität und der schlimmen Erfahrung ihrer Fehlerhaftigkeit (Nichtigkeit) hin und her schwanken und daher in ihrer Entwicklung unglaublich beeinträchtigt werden.

Nach dieser grundsätzlichen, sicher pauschalen, aber mir wichtigen Betrachtung der Unterschiede zwischen der Männersozialisation und der Frauensozialisation zeichnet sich die unterschiedliche Therapie mit Männern und mit Frauen schon ab. Sie ist ihrem Wesen nach sehr verschieden ausgerichtet.

Therapie mit Frauen wird immer erst einmal abklären, ob der Selbstwert intakt ist. Selbst wenn dieses zunächst so aussieht (denn Selbstwertprobleme sind wegen ihrer schamvollen und entsetzlichen Peinlichkeit enorm schwer zu verbalisieren), selbst wenn also die Selbstwertprobleme überhaupt nicht zur Sprache kommen, ist für die Therapie mit Frauen wichtig zu wissen, dass sie fast in aller Regel eine Rolle spielen, sei es auch tief im Innersten und überdeckt von Bestrebungen, den Selbstwert nachträglich zu stabilisieren.

Ich selber habe mehrmals in meinem Leben und zuletzt im 54. Lebensjahr noch einmal in der Therapie eine derartig erschütternde Bekanntschaft mit meinen tiefen Selbstwertzweifeln gemacht, so dass ich jetzt völlig davon überzeugt bin, dass sie sehr schwer so zu artikulieren sind, wie sie erlebt wurden.

Natürlich gilt die Therapie diesen fünf Punkten der Mädchensozialisation, die ich oben aufgeführt habe. Sie wird sich als eine Hebammentherapie verstehen müssen, denn es muss vieles entwickelt werden, was angelegt war und sehr schnell verkümmern und von daher unsichtbar bleiben musste.

Ich gehe also, wie schon erwähnt, nicht davon aus, dass die Neurosen Gegenstand der Therapie sein sollten, sondern vorwiegend die Schädigungen, für die die Neurosen Bewältigungsstrategien sein mussten.

Ich weiß überdies, wie leicht ein Therapeut oder eine Therapeutin sich bei einer Frau über ihren Selbstwert täuschen lassen kann, und zwar durch ihre in der Regel kräftig entwickelte Arbeitspersönlichkeit.

Hinter dieser Arbeitspersönlichkeit versteckt sich häufig ein schlecht beleuchtetes emotionales Persönchen. Ich nenne es „das Jüngferlein", da es der Frau in der Regel peinlich ist. Es ist, viel stärker als die Arbeitspersönlichkeit, an die alten Erfahrungen gebunden, nicht sein zu dürfen, kein Recht zu haben und sich opfern zu müssen, wertlos zu sein (siehe die fünf Punkte).

Ich kann mir das nur damit erklären, dass die Entwicklung der Arbeitspersönlichkeit die erste eigene Tat der Frau ist. Und selbst wenn sie von dem Zwang zur Erfolglosigkeit beeinträchtigt wird, so ist dennoch, wie ich immer wieder beobachten konnte, diese erste „eigene Tat" von einer Zähigkeit, Arbeitsfähigkeit und Zielorientierung bestimmt, dass hinter ihr die Selbstwertproblematik etc., also die ganze frühe Entwicklungsstörung verborgen bleiben kann. Alle diese frühen emotionalen, sozialen und geistigen Beeinträchtigungen werden von dem „Jüngferlein" getragen, das im schlecht beleuchteten Hintergrund gehalten wird, sei es aus Scham wegen seiner Empfindsamkeit oder um es vor der feindlichen Welt zu verbergen. So bleibt häufig mit dem „Jüngferlein" die eigene Weiblichkeit, sogar oft die intuitive Kreativität und Weisheit, unterentwickelt.

Meine Therapie geht dabei immer in zwei Richtungen: In der Bestätigung der Arbeitspersönlichkeit und in der Beleuchtung der schlecht entwickelten emotionalen Persönlichkeit, um ihren Charme und ihre Weisheit aus der Verkümmerung zu befreien.

Ich wende mich jetzt der **Therapie mit Männern** zu, zumal mir da jetzt gerade eine Parallele auffällt. Auch bei Männern findet sich häufig eine viel stärkere Entwicklung der Arbeitspersönlichkeit als der emotionalen Persönlichkeit.

Diese Parallele hat sicher damit zu tun, dass wir im Patriarchat denselben Leistungsanforderungen ausgesetzt sind und vergleichbare Vorteile von einer günstigen Arbeitspersönlichkeit genießen, egal ob wir Männer oder Frauen sind. Aber bei der Entwicklung der emotionalen Persönlichkeit des Mannes sehe ich einen großen Unterschied zu der der Frau.

Ganz sicher ist sie von der Mutter auch vernachlässigt worden gegenüber der Hervorhebung des Rollenverhaltens als Junge und gegenüber der Entwicklung der Leistungspersönlichkeit.

Aber nach meiner Erfahrung ist die emotionale Persönlichkeit des Jungen nicht so geschädigt, nicht so geschunden wie die der Mädchen. Die fünf von mir für die Mädchensozialisation genannten Punkte gelten einfach nicht in dem gleichen Maße für Jungen, statt dessen gilt immer die Zuschreibung an den Jungen, dass die Welt ihm viel schulde, dass er ein Prinz sei, der der größte Schmuck für seine Mutter sein müsse etc.

Die Entwicklung der emotionalen Persönlichkeit in der Therapie mit einem Mann hat für mich das Ziel, die leicht infantile und schnell bis in die Säuglingsabhängigkeit hinein regressive Emotionalität (wenn sie denn einmal erwacht ist) zum Wachsen zu bringen und die eigene Verantwortlichkeit gegenüber der eigenen Gefühlsinkontinenz und gegenüber der Umwelt zu entwickeln.

(Ich habe die ärgerliche Erfahrung gemacht, dass von Männern, die sich in der Therapieszene auskennen, ihre eigene Verantwortungslosigkeit als emotionale Authentizität vermittelt wird, dass ihre Launen mit Offenheit und ihr Trotz mit Autonomie verwechselt werden.)

Von daher gilt meine Therapie mit Männern vor allem der Reifung ihrer emotionalen Seite und der Ausdifferenzierung ihrer Gefühle.

Da ein Mann (in der Regel) mehr Begabungen zur Abspaltung von Gefühlen besitzt als eine Frau, besteht häufig eine völlige Unklarheit über die eigenen Gefühle, eine Ahnungslosigkeit über die Differenzierung der inneren Gefühlslandschaft und eine Fremdheit gegenüber der eigenen Intuition, so dass die Arbeit auch diesen weiten Feldern gewidmet sein muss.

Es gibt aber – wie gesagt – durchaus Männer mit einer Frauensozialisation, bei denen eine ähnliche Arbeit wie bei Frauen geleistet werden muss.

Gerade in den helfenden und heilenden Berufen sind mir immer wieder Männer begegnet, bei denen ich eine überwiegend weibliche Sozialisation feststellen konnte. Es hat sich da häufiger um erstgeborene Söhne gehandelt, bei denen der Vater früh verstorben war, so dass sie der Koalitionspartner der Mutter werden, das heißt ihre Männlichkeit verleugnen mussten, oder auch um zweite Söhne, bei denen der erste Sohn die Rolle des strahlenden Helden und des leistungsbezogenen, erfolgreichen jungen Mannes einnahm, so dass für den zweiten Sohn nur wiederum die Rolle des Koalitionspartners der Mutter, des „lieben Kindes", überblieb, der fürsorgend und mitfühlend die Mutter tragen musste, o. ä.

In der Therapie mit Männern geht es bei mir natürlich auch nicht primär um die Neurosenbehandlung, sondern auch hier um die Betrachtung der Neurosen als Bewältigungsstrategien früher Schädigungen. Aber bisher ist wahrscheinlich schon einleuchtend geworden, in welcher Weise sich die Therapie mit Männern von der Therapie mit Frauen unterscheidet.

Es geht bei Männern um die Entwicklung der emotionalen Identität. Ich habe viele Männer getroffen, die ihre Emotionalität oder auch sogar ihre gesamte Identität nur an ihrer Wirkung auf Frauen gemessen haben, so dass sie ohne die Bestrahlung durch die Frau überhaupt nicht wussten, wer sie waren oder wer sie sein sollten. So erklärt sich die beobachtbare Abhängigkeit der meisten Männer von der Partnerin, Kollegin etc.

Das Ziel der Abhängigkeit – die Frau – weist eine seltsame Anonymisierung auf. Die Frau ist häufig kein Individuum, sondern eher eine Urgestalt, die von „Mutter" bis „my baby" reicht. Mehrfach hört man die Frauen über ihre Partner klagen: „Ich fühle mich nicht gemeint!" Damit ist die Ahnung dieser Anonymisierung treffend benannt. Sie hat natürlich ihre Ursache in dem – anonymen – Rollendenken, zu dem Männer durch die Umwelt häufig schon als Kind gedrängt werden. (Ich habe Männer tatsächlich völlig planlos herumsuchen sehen, wo es ein Vorbild für ihre Identität, ihre Rolle, geben könnte, oder ich habe sie Verhaltensweisen willkürlich ausprobieren sehen, einfach um herauszufinden, ob sich hinter den Verhaltensweisen die Verheißung einer Identität verbergen könnte). Sie sollten einem Idealbild (Prinz) genügen, sie sollten ihrer Geschlechterrolle genügen, d. h. sie wurden wenig als ein Individuum mit spezifischen Eigenschaften wahrgenommen und nehmen dann im erwachsenen Leben natürlich auch eher Rollenwesen wahr als Individuen.

So besteht die Aufgabe der Therapie häufig auch darin, die Aufmerksamkeit für die ganz individuellen Ausprägungen, Stärken, Schwächen, Eigenheiten und Gefahren der eigenen Persönlichkeit zu wecken und zu schärfen. Dadurch kann eine Entwicklungsfähigkeit gefördert und eine Überwindung des Rollendenkens erarbeitet werden.

Ich habe vorhin auf die von Männern überlieferten Therapielehren abgehoben, die sich stark mit Abgrenzung und Abstinenz identifizieren und Empathie sehr schnell mit Konfluenz verwechseln.

Ich möchte daher noch einige Stichworte darüber liefern, wie (ich habe es oft bis heute beobachtet) eine wirklich patriarchal ausgerichtete Therapie verbreitet und für das eigene therapeutische Handeln in Anspruch genommen wird, sei es nun von männlichen oder weiblichen Therapeuten.

Die **patriarchale Therapie** sieht in ihrer Reinkultur so aus: Es geht sehr viel um die Macht des Therapeuten und die Abhängigkeit des Klienten oder der Klientin, es geht um viel Konfrontation, Frustration und um die Verweigerung von Mitgefühl, statt dessen um die Bekämpfung von neurotischem Verhalten durch besagte Konfrontationen.

Es geht häufig letztlich um eine einseitige Entwicklung der Persönlichkeit in Richtung Selbstdurchsetzung und Selbstbehauptung, die allerdings ihre Grenzen da hat, wo die Macht des Therapeuten anerkannt werden muss.

Das Wesen der **matriarchalen Therapie** wird für mich durch die folgenden fünf Eigenschaften beschrieben:

1. **Intersubjektivität**
2. **Solidarität**
3. **Offenheit**
4. **Authentizität und**
5. **Kontakt.**

Da es dieser Therapie primär um die Heilung früher Wunden geht und erst sekundär um die Aufarbeitung der Neurosen, sind diese fünf Grundbegriffe maßgeblich. Ohne sie könnte eine heilende therapeutische Beziehung nicht entstehen; und letztlich geschieht Therapie wesentlich durch die heilende Beziehung zwischen den beiden Menschen, die sich begegnen. Macht auf der einen und Abhängigkeit auf der anderen Seite sind nicht das Ziel in der Therapie. Sicher darf nicht die Ohnmacht die Therapie lenken, und die Unabhängigkeitssucht auf der anderen Seite darf nicht das Lernen verhindern, aber beides, Macht und Unabhängigkeit, müssen von der heilenden Intersubjektivität so gewandelt werden, dass sie nicht eine Fortsetzung der früheren Leidenserfahrungen darstellen. Sogar eine (situative) Konfluenz kann förderlich sein. Sie schafft eine intime Kenntnis des speziellen Leidens und wird als heilende Nähe erlebt.

2. Frage: Wie denkst du darüber, dass die in der Therapiegruppe gelernten Verhaltensweisen in der Welt in aller Regel nicht funktionieren?

Verhalten von Konfliktfreude, Offenheit und Authentizität, wie man es in einer Therapiegruppe gelernt hat, kann nur für den Umgang mit einem emotional ernstzunehmenden Gegenüber gelten.

In der Therapiegruppe wird der Umgang mit solchen authentischen, offenen und konfliktfreudigen Verhaltensweisen gelernt. Und hier handelt es sich, eben aufgrund des settings, um die Auseinandersetzung zwischen emotional offenen Teilnehmerinnen und Teilnehmern.

Eine solche emotionale, ernstzunehmende Offenheit des Gegenübers kann es in der Familie geben, aber auch da ist sie häufig durch Machtkonflikte getrübt. Selten oder nie kann sie im Job vorausgesetzt werden, vor allem nicht im Umgang mit Vorgesetzten oder Höhergestellten. Selbst im Umgang mit Kollegen im Job ist sie durch Interessenkonflikte häufig untergraben, das sogenannte „Mobbing" beweist das zur Genüge.

Man muss einfach wissen, dass diese Offenheit, Authentizität und Konfliktfreude (und verwandte Verhaltensweisen) niemals jemanden erreichen können, den man aus bestimmten Gründen nicht als emotional ernstzunehmendes Gegenüber ansehen kann. Wenn z. B. andere Interessen bei den Verhandlungspartnern im Spiel sind wie Macht, Missgunst oder Konkurrenzdenken, wodurch Unoffenheit und verlogenes Verhalten entsteht, dann muss auf jeden Fall der Selbstschutz höher eingestuft werden als Offenheit usw. Ein anderes Verhalten ist nötig. Wenn ich dieses andere Verhalten mit Worten wie Strategie, Diplomatie oder Subversivität bezeichne, graust es einen häufig, weil genau dieses Verhalten einem so oft entgegengebracht worden ist und weil sich das neue authentische Verhalten (der Therapiegruppe) als viel identitätsstützender angefühlt hat.

Im Umgang mit Macht jeglicher Art (die auch von Eltern oder Schwiegereltern ausgeübt werden kann!) ist aber das Verhalten, was subversiv, diplomatisch oder strategisch genannt werden muss, das einzig mögliche. Es ist einfach wichtig, der eigenen Identität die Fähigkeiten zu einem solchen Handeln hinzuzufügen.

Es gibt da eine schöne Geschichte von Bertolt Brecht, (der für mich immer eine kämpferische Natur gewesen ist und von dem ich deshalb eine solche Geschichte gerne annehme). Sie handelt vom Herrn Keuner, den er gern solche Geschichten erleben lässt:

Sie erzählt, wie in Herrn Keuners Hütte die Gewalt tritt.

Herr Keuner bereitet ihr sein Bett, reinigt und pflegt sie in jeder Weise. Nach sieben Jahren stirbt die Gewalt an dieser Pflege. In diesem Moment schiebt Herr Keuner sein Bett auf die Straße mit der toten Gewalt drinnen, zündet ein gewaltiges Feuer an und schreit aus allen Kräften seiner Lunge ein einziges Wort: „Nein!", und damit hat er sich gereinigt von dem Umgang mit der Gewalt, mit der, solange sie lebte und herrschte, ein solches Verhalten todbringend gewesen wäre.

Bertolt Brecht zeigt auch in seinem Drama an **Galileo Galilei,** wie der Umgang mit Gewalt seiner Ansicht nach richtig ist: Vor dem Gericht der Kirche soll Galilei seiner Überzeugung abschwören, dass die Erde sich um die Sonne drehe und bekennen, dass die Sonne sich um die Erde drehe.

(Diese Ansicht, dass der Mensch, genauer die Kirche, nicht im Mittelpunkt des Universums stehe, war der Kirche naturgemäß eine unmögliche Vorstellung.)

Bertolt Brecht lässt Galilei abschwören und, in seiner Backe, zur Seite den Satz murmeln: „Und sie bewegt sich doch". Das ist der Umgang mit Gewalt, den Bertolt Brecht aus eigener Erfahrung gelernt und gelehrt hat, und der in dem Satz gipfelt: „Es ist schlimm um ein Land bestellt, das Helden braucht."(Brecht)

Das Verhalten, (das ich im Umgang mit Macht nicht empfehle), das Authentizität, Offenheit und Konfliktfreude beinhaltet, ist für mich, wenn die Macht herrscht, der unausweichliche Weg zum Martyrium. Wer Märtyrer sein will, muss wissen, was er damit erreicht. Er erreicht damit seinen Tod als Preis für die Verkündung der Wahrheit, und wenn das seine Überzeugung ist, dann ist das Vorgehen richtig. Aber meistens ist es ja so, dass man im Job (oder auch bei den Eltern) einfach ein bestimmtes Ziel erreichen will und nicht für seine Überzeugung sterben will, möglichst noch nicht mal im übertragenen Sinne, wie etwa durch das „Mobbing".

Subversives Handeln bedeutet die Verabredung mit anderen Gleichgesinnten zu geheimen Handlungen des Ungehorsams. Es ist also ein Sklavenmittel. (Ein Beispiel: meine „Gedanken zum therapeutischen Alltag" habe ich von Leuten fotokopieren lassen, die nichts dafür bezahlen mussten, weil ihre Dienststellen diesen Vorgang nicht nachprüfen konnten. Es handelte sich da immer um Dienststellen, die man so behandeln musste, weil sie solchen Schriften wegen ihrer eigenen Ideologie keinen Vorschub geleistet hätten. Sicher lassen sich im Arbeitsalltag mehrere Beispiele für ein solches Verhalten finden.)

Diplomatisches Verhalten kennt jeder aus dem Job. Dazu gehört folgende Regel: wenn man etwas von einem Vorgesetzten haben will, muss man ihm erst mindestens zwei bis drei Komplimente machen. Damit gibt man dem Vorgesetzten Selbstwert und fördert so seine Bereitschaft, einem die Forderung zu erfüllen, ohne dadurch der eigenen Macht (des eigenen Selbstwertes) verlustig zu gehen.

Diplomatisches Handeln beinhaltet auch Schweigen und die Kunst, geschickte Gelegenheiten zu finden, um seine Meinung zu äußern oder seinen Willen zu bekommen. Es bedeutet auch, Genossen zu finden, mit denen zusammen man ergebnisorientiert handeln kann.

Strategisches Handeln beinhaltet eigentlich das Gleiche wie diplomatisches Handeln, es ist nur noch stärker zielorientiert und beinhaltet möglicherweise lange heimlich geplante Handlungsvorgänge, die zu dem gewünschten Ziel führen und deutlich mit geheimer Manipulation des Gegenübers einhergehen.

Alle drei Handlungsweisen setzen voraus, dass die Person, bei denen sie angewandt wird, nicht imstande ist, ein direktes Handeln mit Kontaktfähigkeit, Offenheit, Konfliktfreude und Authentizität auszuhalten und zu beantworten, sondern eher darauf sinnt, ein solches Verhalten gegen die so handelnde Person zu verwenden.

3. Frage: Was ist für dich beim Umgang mit Psychosomatikern zu beachten?

Für mich ist die Psychosomatose eine geheime Weisheit. Wenn die Seele nicht fähig ist, ein Leid zu tragen oder einen Schmerz zu erdulden, dann hilft der Körper mit seiner Weisheit, indem er der betreffenden Person körperliche Schmerzen zufügt, die leichter zu beweinen und auszuhalten sind als die seelischen Schmerzen. Es kann durchaus geschehen, dass, während die Psychosomatosen durch somatische Behandlungen eine Heilung finden oder gefunden haben, die Seele durch die „Pause" so erstarkt ist, dass sie den ihr zugeführten Schmerz besser ertragen kann oder dass sie sogar schon ein wenig darüberweggekommen ist, also ihren Schmerz mittels des körperlichen Leidens zu Ende erleiden konnte.

Ich möchte dazu ein Beispiel von mir erzählen, an dem ich viel gelernt habe:

Als ich meine letzte Institutionsanstellung verließ, bekam ich binnen kurzem eine Schultersteife in der linken Schulter. Das bedeutete starke Schmerzen bei allen Armbewegungen und musste durch sehr starke somatische Einwirkungen wie Massage und Gymnastik wieder gelöst,

besser: aufgebrochen werden, denn
es handelte sich um eine Verklebung im
Schultergelenk.
Nachdem ich, unwissend, wofür diese
Psychosomatose eingetreten war,
durch viel Gymnastik und schmerzhafte
Eigenarbeit diese Verklebung gelöst
hatte, wurde mir langsam klar, wofür
sie mir gedient hatte; ich bekam
den Zugang dazu, dass mein Abschied
von meiner Institutionsanstellung
so schmerzvoll gewesen war, dass meine
Seele ihn nicht hätte aushalten können.
Als die Psychosomatose geheilt war,
konnte meine Seele diesen Abschied
durchleben und verkraften. Ich bekam
sogar Zugang dazu, dass diese Verklebung links geschah: die Institution ist
ja wie eine „Mutter", d. h. entspricht
der linken Körperhälfte des Menschen;
folglich machte es viel Sinn, dass links
die Schulter verklebt war.
Eine Verklebung der rechten Schulter
lehrte mich noch einmal das Gleiche, aber
wieder völlig unvorbereitet. Ich musste
einen Beziehungsabbruch meines Sohnes
erleiden, war aber – allem Anschein
nach – guten Mutes, weil ich den Beziehungsabbruch von meines Sohnes
Seite her verstand. Von daher meinte
ich, ihn gut bewältigen zu können.
Die Verklebung geschah erst drei Monate
nach dem Beziehungsabbruch und
verursachte mir arge Kopfzerbrechen,
was sie wohl bedeuten könnte. Erst
durch geduldiges Forschen bekam ich
die Koinzidenz der Ereignisse heraus,
nämlich dass dieser Beziehungsabbruch
zeitlich in direktem Zusammenhang
stehen musste zu der Verklebung
der rechten Schulter. Wieder war im

nachhinein der Zusammenhang klar: die rechte Körperhälfte ist dem Männlichen zugeordnet. Ich konnte meinen Sohn weder halten, noch ihn schlagen, noch ihm Abschied winken, weil er mittels einer Adressenänderung den Abbruch endgültig vollzogen hatte. So erlitt mein rechter Arm (für meine Seele) diesen Schmerz und diese Ohnmacht und schützte damit meine Seele vor unnennbar tiefen Leiden, die sicher schier unerträglich gewesen wären. Ich musste wieder eine äußerst schmerzhafte und langwierige krankengymnastische Behandlung über mich ergehen lassen, bei der ich vor Schmerzen geweint habe; aber am Schluss dieser Behandlung konnte meine Seele den Abschied von meinem Sohn eher ertragen.

Es ist also wesentlich, über Psychosomatiker nicht zu urteilen: „Der oder die will ja nur nicht fühlen". Es geht um Hilfe aus dem eigenen Körper für die eigene Seele. Die Ursachenforschung gestaltet sich nicht einfach. Da der Körper für unnennbar tiefen Seelenschmerz eintritt, ist ein Zusammenhang, wie oben beschrieben, nur mit genauer Erforschung der zeitlichen Zusammenhänge herauszubekommen. Es bedeutet also auch nicht Widerstand oder Vermeidung seitens des Klienten oder der Klientin, wenn der Zusammenhang von Körper und Seele nicht erkannt werden kann. Und nach allem Gesagten verbietet es sich von selbst, einen Psychosomatiker zu beschuldigen, er habe schließlich so gelebt, dass er eine Psychosomatose bekommen hätte (er wäre eben z. B. eine „Krebspersönlichkeit" o.ä.) Das ist für mich ein menschenfeindlicher ideologiebesessener Vorwurf. Bei solchen Schuldvorwürfen an Psychosomatiker kann ich nur den Kopf schütteln über die Ideologie, die sich anmaßt, ein derartiges Schuldurteil zu fällen.

4. Frage: Wie denkst du über Autoaggression?

Ich habe gelernt, Autoaggressionen etwas anders zu betrachten als mit der Hypothese, dass ihr ein masochistischer Umgang mit sich selbst zugrunde läge. Für mich hat die Autoaggression natürlich etwas mit selbstquälendem Verhalten zu tun, aber die Ursache für die Autoaggression liegt für mich sehr häufig woanders.

Ein Mensch, der für seinen Zorn, für seine Aggressionen, für seine Wut, für seine berechtigten heftigen und zornigen Vorwürfe kein emotional erwachsenes Gegenüber findet, sondern nur Personen, die jede Schuld, jede Verantwortung von sich weisen, sich verflüchtigen, bei Vorwürfen taub werden oder lediglich Rationalisierungen vorbringen: Dieser Mensch sucht den einzigen ernstzunehmenden Gegner auf, um die Aggression loszulassen: Ganz häufig ist dieses ernstzunehmende Gegenüber – das einzige – dieser Mensch selbst.

So sehe ich also Autoaggressionen als eine kreative, wenn auch schmerzhafte „Lösung" eines schlimmen Emotionsstaus.

Demzufolge gehe ich mit autoaggressiven Personen so um, dass ich forsche, was die Aggression, die der Autoaggression zugrunde lag, ihrem Wesen nach war, gegen wen sie sich richtete und wieso sie nicht an den Mann oder an die Frau kommen konnte. Sehr häufig ergeben sich tatsächlich diese (ja sehr verbreiteten) Umstände, dass keiner zur Rechenschaft gezogen werden will, dass keiner eine Schuld eingestehen oder einem Vorwurf stattgeben will. Es ist in der Regel sehr erleichternd für autoaggressive Personen, wenn sie diesen Hintergrund ihrer Autoaggressionen erfahren und damit die Stigmatisierung der masochistischen Persönlichkeit abwerfen können, dagegen aber voller Respekt erkennen, wie kreativ sie trotz allem eine „Unabhängigkeit" erlangt haben, die anders nicht erreichbar gewesen wäre.

Die Therapie läuft dann zunächst einmal über die Achtung vor dieser starken Persönlichkeit, die lieber sich selbst als Gegner nimmt als die Aggression unfähigen Personen zuzumuten. Danach kann man geduldig erforschen, wie man einen anderen Umgang mit sich lernen kann.

5. Frage: Was macht deiner Meinung nach Urlaub oder Umzüge zu Erlebnissen, die als psychisch bedrohlich geschildert werden?

I. Zum Urlaub: Wenn man den Urlaub an den fünf Säulen der Identität misst, dann kommt man zu folgendem Ergebnis: die erste Säule, die **Leiblichkeit,** wird riskiert, ihr zuliebe wird häufig der Urlaub angetreten, und sie muss sich also sehr starken Ansprüchen aussetzen und genießt häufig keine ihr adäquate Schonung.

Die zweite Säule, die der **Arbeit und Leistung,** wird durch den Urlaub radikal verlassen; die Arbeitskollegen wünschen einem eine gute Reise, und damit rückt die Arbeitsatmosphäre völlig in den Hintergrund, man ist ohne die stützende Arbeitspersönlichkeit auf sich gestellt. Ohne sie ist man natürlich der emotionalen Persönlichkeit, dem „Jüngferlein", sehr viel mehr ausgeliefert; und ohne die vertraute Rolle ist man oft stark verunsichert.

Die dritte Säule, das **Netz der Freunde,** verlässt man auch radikal, evtl. sogar um neue Bekanntschaften oder tiefere Freundschaften zu finden; aber natürlich bedeutet auch die Nichtidentifizierung durch die bewährten Freunde eine Gefährdung. Von daher erscheint es angeraten, den Urlaub mit befreundeten Paaren oder Familien zu unternehmen; man erhält sich auf diese Art eine Identifizierung. Aber: Alle Beteiligten dieser Urlaubsgruppe sind ja auch dieser

Gefährdung ihrer Identitätssäulen ausgeliefert; von daher kann im Urlaub auch mit befreundeten Paaren, Familien oder Einzelpersonen eine fürchterliche gruppendynamische Gefährdung entstehen. Es bilden sich häufig heimliche Hierarchien aus, die Interaktionen der Personen untereinander werden infolge der je eigenen Bedrohung misstrauisch und aggressiv, es entstehen dann zur Gruppenentlastung sehr häufig „Sündenböcke", das heißt ausgegrenzte einzelne, denen der ganze urlaubsstörende Konflikt zugeschoben wird.

Die vierte Säule, die **materielle Sicherheit und die vertraute Umgebung,** wird natürlich genauso radikal verlassen wie das Netz der Freunde; und es kann eine enorme, uralt gewachsene Heimatlosigkeit und Ausgeliefertheit Platz greifen, sobald das ersehnte Urlaubsziel erreicht ist.

Die fünfte Säule, die der **Werte und Normen,** könnte evtl. erhalten werden; aber die eigenen Werte werden natürlich auch gefährdet – durch die völlig andere Umgebung, durch den evtl. anderen Kulturkreis oder durch schwierige Begegnungen oder Erlebnisse. Man muss also, mindestens als Möglichkeit, von einer hohen Bedrohung der Identität ausgehen.

2. Zum Umzug: Man kann sich schon vorstellen, dass ähnliche Ergebnisse entstehen, wenn man den Umzug an den gleichen fünf Säulen misst.

Die erste Säule – nämlich die **Leiblichkeit,** wird strapaziert durch die Arbeiten des Umzugs; vom Packen bis zur Einrichtung der neuen Wohnung ist die Leiblichkeit hoch gefordert.

Ebenso betrifft er die zweite Säule, die **Arbeit und Leistung.** Der normale Alltag, bestehe er nun in der Hausarbeit oder im Job, verliert seinen Rhythmus und seine Bedeutung. Eine völlig andere Art von Arbeit und Leistung wird verlangt, die einen schon an den Rand der Erschöpfung oder des eigenen Versagens bringen kann. Von der Planung des Umzugsgeschehens bis zur Vollendung der neuen Bleibe ist eine so hohe, durch ständige Unsicherheit erschwerte Leistung verlangt, wie man sie wohl selten sonst erbracht hätte.

Die dritte Säule, das **Netz der Freunde,** wird auch durch den Umzug stark gefährdet. Die Freunde geraten in weitere Entfernungen, durch die Adressenänderung werden vielleicht Beziehungen abgerissen, durch die eventuelle Entfernung aus der Stadt oder auch nur aus dem Viertel gibt es überhaupt kein Netz mehr, auf das man sich stützen kann. Gefühle der Einsamkeit und Heimatlosigkeit sind dann vielfach die Folge.

Die vierte Säule, die **vertraute Umgebung und die materielle Sicherheit,** wird genauso gefährdet, sicher bereits durch die Umzugskosten, aber vor allem durch die

Entfernung aus der gewohnten Umgebung. Durch die fremden örtlichen Umstände, durch die andere Infrastruktur etc. entsteht auch hier eine durchaus deutliche Gefährdung.

Nur wieder die fünfte Säule, die der **Werte und Normen,** kann eventuell bewahrt werden, wird aber sicher auch hier und da gefährdet sein, z. B. durch die Änderung des Lebensstiles, wie es durch den Kauf oder Bau eines Hauses o. ä. geschehen kann.

Es gilt also in der Therapie, den Urlaubern (besonders denen, die alle fünf Säulen mit Leidenschaft von sich werfen und das Abenteuer suchen) sowie den Umziehenden, klarzumachen, was für eine seelische Leistung sie vollbringen werden, und wie sie sich darauf vorbereiten können. Bei meinem letzten Umzug habe ich gelernt, dass ich mir innerlich ein Mantra vorsagen musste: „Ich trage meinen Boden in mir, ich trage meinen Boden in mir". Sonst wäre ich ganz sicher gefährdet gewesen. Die Sicherheit in der neuen Wohnung hat sich erst eingestellt, als alles an seinem Platz stand und ausgepackt war und die Heimatfindung beginnen konnte.

Allerdings ist auch sie eine seelische Herausforderung, der man sich schon sehr bewusst stellen muss, um sie zu bewältigen. (Von daher ist sicherlich erklärlich, dass der Umzug in ein Altenheim eine seelische Verwirrung bei dem alten Menschen auslösen kann, die selten reversibel ist.)

6. Frage: Was denkst du darüber, dass Klientinnen mit starken Arbeitspersönlichkeiten in der Therapie dennoch psychisch äußerst labil erscheinen?

Ich habe festgestellt (natürlich wieder eher bei Frauen als bei Männern, da ich einfach mehr Frauen in Therapie gehabt habe), dass die einzige Möglichkeit für eine Frau, sich aus ihrer Familienidentität, ihrer Familienrolle, der verordneten Einengung und anderen schädigenden Beeinflussungen zu lösen, darin besteht, eine starke Arbeitsidentität zu entwickeln (s. o.).

Da gibt es neue Möglichkeiten, sich zu identifizieren, sich identifizieren zu lassen, Kollegen zu finden, von denen man geachtet wird, ein Arbeitsfeld zu finden, in dem man sich bewähren kann, in dem man neue Fähigkeiten entwickeln kann. Das heißt, die Frau kann sich in der Arbeit eine viel stärkere und kräftigere Identität schaffen, und zwar allein und selbst, unbeeinträchtigt durch das System der Familie, unbeeinträchtigt durch andere vorangegangene, einengende Systeme, die ihr eine Rolle aufgezwungen hatten. Die viel labilere oder geschädigte emotionale Identität – ich nenne sie bei Frauen das „Jüngferlein" (siehe Frage 1: „Mädchensozialisation") wird dadurch geschützt, sie wird gerettet, sie wird aber auch abgeschottet. In der Therapie führt die Erwähnung der Gefühle, der Familie oder der alten Schmerzen eben zu der Labilisierung, die die Beleuchtung des „Jüngferleins" ohne den Schutz der Arbeitspersönlichkeit notwendig zur Folge hat.

Es gilt also in der Therapie, nicht die Stigmatisierung vorzunehmen, dass diese Person eine „männliche Ausstrahlung" habe, sondern die Arbeitsidentität hervorzuheben als Rettung, als gut ausgebildete „zweite" Identität, als geniale und kreative Lösung aus der emotionalen Lernumgebung in den früheren Systemen.

Danach erst gilt es, das „Jüngferlein" mit seinen Schmerzen, mit seiner entsetzlichen Lerngeschichte zu betrachten und sorgsam und liebevoll zu verstehen, warum es von der Persönlichkeit abgeschottet werden musste, und wie es jetzt wachsen lernen kann.

Das Ziel der Therapie besteht also nicht einfach darin, die „Weiblichkeit" der Klientin zu fördern, sondern eher darin, ein Verständnis zu entwickeln für die so abgeschottete emotionale Identität. Damit kann dann die Fähigkeit der Arbeitsidentität wachsen, das „Jüngferlein" aus dem Schatten zu holen und ihm zu bedeuten, dass es mitsprechen kann und dass es von der Arbeitsidentität, die ja so mächtig angewachsen ist, beschützt wird, während es sich weiterentwickelt.

7. Frage: Was verstehst du unter deiner „Genogrammarbeit"?

Ich habe (wie schon mehrfach erwähnt) erlebt, dass es eine unglaubliche Identitäts-Bestätigung bedeutet, wenn die Biographie des Klienten oder der Klientin für die Therapeutin oder den Therapeuten bis ins Detail interessant ist, wenn also der Grundsatz gilt: „Jedes Menschenleben ist einen Roman wert."

Es ist unsäglich bedeutungsvoll für Personen, die sich nur aus ihrer Gegenwart verstehen, die sich mit Mühe aus ihrer Vergangenheit gerettet haben und diese deswegen möglichst hinter dem Horizont verschwinden lassen wollen, wenn diese Vergangenheit nicht als Stigma und unausweichlicher Fluch, sondern liebevoll und interessiert angesehen wird, mit vier erwachsenen Augen, so dass sie noch einmal gefühlt und damit verstanden werden kann. Dann kann Wachstum, Weiterentwicklung und Integration erfolgen.

Ich habe die Genogrammarbeit in der Familientherapie gelernt; ich habe aber inzwischen einiges verändert, und deswegen werde ich sie genau beschreiben.

Ich nehme ein Blatt DIN A2 oder einen Bogen, der beliebig lang ist (z. B. von einer Tapetenrolle) und spanne oder lege ihn auf eine Pappe, so dass ich gut schreiben kann, und zwar so, dass die entsprechende Person mitschauen kann, was ich schreibe. Das ist außerordentlich wichtig, sonst kommt Misstrauen in die ganze Geschichte, und das bedeutet keine gute Ausgangslage.

Als erstes setze ich etwas oberhalb der Hälfte des Blattes auf die Mittelachse einen großen Stern (sicher 1,5 cm groß); er ist der Geburtsstern der Person. Rechts von dem Stern kommen ihre Vornamen und links ihr Geburtdatum. Dieser Ausgangspunkt muss sehr wichtig genommen werden, denn nun sieht sich dieser Mensch in der Mitte des Blattes dokumentiert und sichtbar.

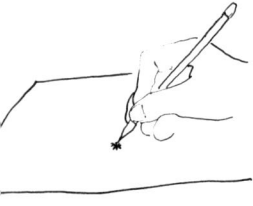

Jetzt betrachten wir das, was das Baby erblickt hat, als es in seiner Welt die Augen aufschlug: das sind zunächst einmal ältere Geschwister. Ich muss sie also, natürlich mit kleinen Geburtssternen, oberhalb des Geburtssternes meiner Biographie-Person anbringen, auch wiederum in der Mittelachse des Blattes. Daneben kommt dann rechts der Name des Geschwisters und links das Geburtsdatum. (Falls Geschwister verstorben sind, wird dieses extra vermerkt, falls Fehl- oder Totgeburten bekannt sind, werden sie, auch möglichst der biographischen Reihenfolge entsprechend, auf dieser Mittelachse ober- oder unterhalb der Klientin oder des Klienten angeführt.)

Vom ältesten Kind aus ziehe ich eine Schräglinie nach rechts und links oben. Die Weiterarbeit – links oder rechts – wird von der Klientin oder dem Klienten gewählt;

häufig ist es die rechte, also die mütterliche Linie. Rechts von meinem Betrachtungsort aus gesehen male ich dann wiederum einen kleinen Geburtsstern für die Mutter mit ihren Vornamen und ihrem Geburtsdatum. Dann erkundige ich mich nach den Geschwistern der Mutter, die je nachdem, ob sie älter oder jünger sind, oberhalb oder unterhalb des Namens der Mutter angeordnet werden, wieder mit Geburtssternen und Daten, auch Todesdaten, wenn nötig. Nun folgt in der Regel die Frage nach den Eltern der Mutter, und wiederum gibt es also von dem Geburtsstern des ältesten Geschwisters der Mutter einen schrägen Strich nach oben rechts und oben links; dort werden dann die mütterlichen Großeltern in beschriebener Weise eingefügt, wenn möglich auch mit Vornamen und Daten.

Dasselbe geschieht auf der linken Seite des Geburtssterns der Person, d. h. dort wird der Vater eingeführt mit seinen älteren und jüngeren lebenden und toten Geschwistern, und auch von dort aus laufen die schrägen Linien rechts und links nach oben, wo die Großeltern eingetragen werden. Das ist der Rohbau des Stammbaumes.

Ich hatte lange die Neigung, zu allen Personen, die oberhalb des Babys auf dem Papier erscheinen, 2–3 Eigenschaften hinzuzufügen. Ich habe davon wieder

Abstand genommen wegen der dadurch schlechteren Übersicht. Besonders positive oder negative Personen werden aber unterstrichen, und an den linken oder rechten Rand des Blattes wird ihre Bedeutung geschrieben.

Natürlich taucht (während dieser eigentlich tabellarischen Arbeit) in der Erzählung, in der man ja intensiv nachfragt und interessiert und engagiert zuhört, auch die Erwähnung von Familienregeln ausgesprochener oder geheimer Art auf, wie z. B. „Bei uns wurde nie von Vater gesprochen oder „Bei uns gab es keinen Kontakt mit der väterlichen Familie" (was häufig vorkommt) oder „Meine Großmutter (oder wer auch immer) war verrufen oder wurde allgemein als Hure bezeichnet und totgeschwiegen" oder „Mein Großvater war das ‚schwarze Schaf'" und dergleichen Familiengeheimnisse oder Familienbeschlüsse. Solche Mitteilungen kommen alle oben an die Spitze des Blattes. Alle Familienregeln werden aufgeführt und dadurch der Vergessenheit oder der Geheimhaltung entrissen. Diese obere Hälfte des Blattes gilt natürlich auch den Beziehungen, die die Klientin oder der Klient zu Familienmitgliedern der vorangehenden Generation gehabt hat – dergleichen wird an den Rand geschrieben; auch die Konfessionen der Familie der väterlichen und mütterlichen Seite werden aufgeführt.

Wenn der obere Teil des Blattes ausgefüllt worden ist, ist schon eine Menge gewonnen. Es empfiehlt sich immer, bei der Genogrammarbeit Fotos zu verwenden (und zwar möglichst nicht sortierte, sondern einfach zusammengetragene Fotos), welcher Art sie auch immer seien. Es ist eine etwas mühselige Arbeit, auf den alten Bildern etwas zu erkennen; ich habe ständig eine Lupe dabei, und wir betrachten dann mit vier Augen die Bilder neu. (Daher sollte eine Aussortierung vermieden werden.)

Die Genogrammarbeit besteht ja vor allem darin, nicht mehr nur die einzelnen stigmatisierenden Ereignisse aus der eigenen Biographie festzuhalten, sondern das ganze Feld, das ganze Kinderland zu beleuchten und zur Erscheinung zu bringen. Dadurch wird die Beziehung zur eigenen Vergangenheit differenzierter, vieles bisher nicht Beachtete wird mit Interesse der Vergessenheit entzogen. Und: Da die Person ja lebend vor mir sitzt, hat es höchstwahrscheinlich auch immer wieder rettende Erlebnisse, rettende Personen, rettende Landschaften, rettende Tiere, rettende Umgebungen irgend welcher Art gegeben.

Ein wesentlicher Teil des Genogramms besteht für mich darin, diese rettenden Umstände nicht hintanzulassen, weil ohne sie das Kinderland wieder so grau und entsetzlich erscheinen würde, wie die

Person es häufig zu sehen gewohnt ist, und weshalb sie es ursprünglich möglichst hinter dem Horizont hatte verschwinden lassen wollen.

Nachdem die obere Hälfte des Blattes endgültig vollendet ist, wende ich mich der unteren Hälfte zu.

Von dem Geburtsstern der Klientin bzw. des Klienten ausgehend läuft eine Linie mit einem Pfeil (also ein Strahl, geometrisch ausgedrückt) senkrecht in der Mittelachse des Blattes nach unten. Der betrifft den Lebenslauf der Klientin oder des Klienten. Ausführlich frage ich nach Erzählungen aus der frühesten Zeit, ferner besonders nach Krankheiten, nach Urlauben, Umzügen in allererster Zeit, auch nach Erlebnissen mit Großeltern, Tanten, Onkeln oder in Kinderheimen. Ich frage einfach intensiv nach. Das bringt viele Erinnerungen an den Tag, die verschüttet schienen, es bringt eine assoziative Erzählweise der Person mit sich, die viele Entdeckungen ermöglicht. Nach Möglichkeit wird alles von mir notiert.

Erst einmal fülle ich auf diese Weise die rechte Seite neben dem Lebenslaufstrahl mit den biographischen Nachrichten; links versuche ich die rettenden Umstände aufzulisten; aber mitunter werden Ergänzungen angeboten, die dann auch links aufzuschreiben sind; ich nehme das nicht so streng, denn beide Seiten gehören ja zusammen.

Auch die jüngeren Geschwister gehören zum Lebenslaufstrahl und werden jetzt in der Reihe ihrer Entstehung, ihrer Entwicklung auf der biographischen Linie des Klienten bzw. der Klientin aufgeführt.

Das Wichtige ist (da ich älter bin, kann ich das gut leisten, aber sicher können es auch jüngere Therapeutinnen und Therapeuten), dass so lange gefragt wird, bis man sich ein Bild machen kann von der Kinderlandschaft der Person. Das bedeutet, dass man langsam vorankommt; aber einen tabellarischen Lebenslauf will man ja sowieso nicht erstellen. Erst alle Umstände, bis in die Farbe des Ballonrollers und bis in die Gerüche des Schlafzimmers, die Aussicht aus dem Kinderzimmer oder die Gerüche der Küche am Sonntag etc. sind wichtig, damit das Kinderland wieder entsteht und sich Erinnerungen assoziativ angliedern können, von denen man vorher gar nichts mehr wusste.

So gesehen ist die Genogrammarbeit eine wunderschöne, romanhafte biographische Arbeit; und es empfiehlt sich sehr, empathisch und interessiert dabei zu sein, damit die Klienten mehr von sich erfahren, als sie vorher wussten. Meistens hören wir mit Eintritt in die Schule mit dem Schreiben auf; aber ich habe auch schon Genogramme geschrieben, die bis zur Pubertät (oder darüber hinaus) reichen. Ich mache es in allen folgenden Stunden einfach so, dass die Rolle mit dem Genogramm in Reichweite liegt. Nach der Frage, wie es geht und was der Klient oder die Klientin heute mitbringt, frage ich einfach, ob wir dort weitermachen oder an den aktuellen Fragen arbeiten wollen.

So ist die Biographie immer gegenwärtig, bleibt lebendig und fördert eine heilende Integration.

8. Frage: Was kannst du zum Umgang mit Depressionen sagen?

Alle Zustände der Trauer, der Dumpfheit, der Trübsinnigkeit oder Schwermut der Klientin (oder auch des Klienten) haben eines gemeinsam: sie bedeuten, dass diese Gemützustände eine Identität darstellen, die zu der Zeit ihrer Anwesenheit lebenswichtig für die Klientin und den Klienten ist. Selbst wenn die Personen diese Gemützustände möglichst schnell loswerden wollen, hat es wenig Sinn, ihnen „Tipps" zu geben, wie sie diese Gemützustände überwinden können. Das hat nämlich zur Folge, dass diese Gemützustände nicht als Identität ernst genommen werden, sondern wie „Macken" oder vorübergehende Unfälle behandelt werden. Es gibt einfach Leute, denen ist keine andere Identität gegenwärtig als das Leiden in dieser oder jener Form. Es ist außerordentlich wichtig, diese Identität des Leidens ernst zu nehmen. Ich handele nach dem Isomorphin-

Prinzip der Musiktherapie. Das beinhaltet, dass man trübe Klienten oder trübe Zustände nicht mit einer fröhlichen Musik auflockern kann, sondern dass man stets diese Zustände oder Personen mit einer entsprechenden Musik begleiten soll, mit einer Musik, die diese Zustände als Identitätszustände ernst nimmt und sie erst nach geraumer Zeit ins Hellere und Erträglichere zu wenden versucht. Ganz schnell wird diese Person sich sonst als „mackig" oder als „faul" erleben, wenn zu schnell oder zu siegesgewiss ein Ausweg aus dem Trüben gesucht wird.

Das bedeutet natürlich nicht, dass man diese Identität als begrüßenswert darstellt, sondern einzig, dass man sie in ihrer Leidensgestalt ernst nimmt, und wenn man Auswege sucht, diese nur mit der Klientin oder dem Klienten zusammen, langsam und geduldig, probiert und immer wieder betont, dass es Menschheitsdramen sind, die in solchen trüben Zuständen ausgehalten werden müssen und nicht persönliche schlechte Angewohnheiten, Launen oder ähnliches.

Ich greife auch häufig zur Literatur, d. h. meistens zu Gedichten, die diese Befindlichkeiten ausdrücken, so dass die Klientin oder der Klient sich aufgehoben fühlen kann im Menschheitsgeschehen durch die Jahrhunderte.

Es kann allerdings in extremen Fällen folgendes vorkommen: dass eine Frau oder ein Mann sich, ausweglos, immer noch anklammert an die nie erfüllte und daher Trauer und Ohnmacht erzeugende Forderung an den Vater oder die Mutter: „Hab' mich lieb und nimm mich ernst."

Wenn diese Anklammerung überhaupt nicht weicht, wenn keine Energien freigesetzt werden für eigene Aktivitäten und für das eigene Leben, dann verweise ich schon mal auf die Erzählung von Heinrich von Kleist: „Michael Kohlhaas"; ich empfehle dieses Buch auch manchmal zum Lesen. Es wird dort geschildert, wie jemand sich selber und andere zerstört, weil er nur auf seine berechtigte Forderung starrt. Mitunter ist eine Augenöffnung auf diese Art notwendig.

Ich benutze da sogar ein derbes Gleichnis: „Wenn du an einem Felsen deine Zähne einsetzt, um ein Stück Stein abzubeißen, dann geht nur eins entzwei, nämlich deine Zähne". Das bedeutet aber nie, dass ich diese Seinszustände als albern darstelle oder zu persönlichen Macken erkläre. Indem ich z. B. auf die Erzählung „Michael Kohlhaas" verweise, verweise ich auf zutiefst menschliche Seinserfahrung, die es wert war, in einer Novelle beschrieben zu werden.

Tiefes Mitgefühl ist auf jeden Fall nötig für alle diese schwarzen Zustände. Bei einem Klienten habe ich nur noch sagen können: „Ich würde sehr gern durch die Therapie ein Fenster oder eine Tür öffnen, damit Licht und Sonne herein kann, aber es scheint nicht zu gehen. Dann stehe ich also bei dir im finsteren und luftlosen Raum so lange, bis wir beide zusammen einen Ausgang finden."

9. Frage: Wieso begegnen einem so häufig Verbindungen von depressiven Frauen mit schizoiden Männern?

Ich habe beim Studium von Fritz Riemann, „Grundformen der Angst" (1961), folgendes entdeckt. In den letzten Jahrhunderten war die Rolle der Frau und die verschriebene Neurose der Frau die Depression. Sie bedeutet nach Riemann: Aufgabe der eigenen Individuation, Opferung der eigenen Interessen und selbstlose Hingabe an die Interessen anderer, vor allem an die des Mannes. Das war eine, für die Männer sehr günstige, Verschreibung an die Frau; denn ohne diese Verschreibung wäre die Frau viel zu mächtig gewesen, einfach dadurch, dass sie Gebärerin und Ernährerin aus ihrem Leibe war und ist. Man konnte und kann eine depressive Frau auch viel leichter schuldig sprechen und verantwortlich erklären für alles trübe und schlimme Geschehen im (patriarchalen) System.

Die den Männern verordnete oder gewährte Neurose war lange (oder schon von Alters her) die Schizoidie. Sie bedeutet nach Riemann die Drehung um sich selbst, die Drehung um die eigene Rolle, die

Schwierigkeit im oder fast Unfähigkeit zum Kontakt, die Unfähigkeit zur Empathie für andere Seinszustände oder andere Personen. So entsteht also das Muster der depressiven Frau, die sich um den Mann dreht und das des schizoiden Mannes, der sich um sich selbst dreht. Das gibt eine wunderbare „gemeinsame" Drehung; die Überschrift (aus der Sicht des Mannes gesprochen) heißt dann: „Wir beide lieben mich, ich und meine Frau". Man kann sich vorstellen, dass eine therapeutische Veränderung dieses Systems nicht einfach ist. Einzig ein möglicher Leidensdruck (der Partnerin meist) kann eventuell helfen.

10. Frage: Viele Klientinnen haben ständig Schuldgefühle bzw. ein schlechtes Gewissen – wie denkst du darüber?

Um herauszubekommen, was da vorliegen könnte, empfiehlt es sich, zunächst so lange nachzufragen, bis eine direkte Schuld oder ein direkter Grund für das schlechte Gewissen am Tage liegt. Das könnte eine strafwürdige Vernachlässigung eines Kindes sein, es könnte ein Verrat am Partner sein, es könnte eine Verfehlung im Beruf sein oder ähnliches.

Bei dieser Nachforschung stelle ich aber in aller Regel fest, dass kein wirkliches Ereignis zu berichten ist, das eine tatsächliche Schuld oder einen Grund für ein wirklich schlechtes Gewissen darstellten könnte.

Viele Frauen haben ganz schnell Schuldgefühle, wenn der Partner in sich gekehrt ist oder mault, wenn die Kinder lustlos und müde in der Wohnung herumhängen, wenn die Kinder Schulleistungsverweigerung betreiben, wenn der Partner krank wird, wenn die Eltern sich zurückziehen oder zu viel fordern etc., etc., etc.

Man muss in der Nachforschung schon genau sein und dranbleiben, um herauszufinden, ob die Klientin wirklich an einer nachweisbaren Schuld trägt. In aller Regel lässt sich das nicht nachweisen.

Ich horche schon immer auf, wenn dieser Sammelbegriff „Schuldgefühle" oder der andere Begriff „schlechtes Gewissen" auftaucht. Ich bin dann schon fast sicher, dass ein anderes Phänomen vorliegt.

Ein Beispiel: Eine Frau hat beim ersten Kind, einem Jungen, unendlich viel für dieses Kind getan, war ständig für ihn verfügbar, hat sich im ersten Jahr aufbrauchen lassen bis zum Exzess. Dieser Junge war auch schwierig, war ständig verspannt, schrie viel und hielt die Mutter dadurch in Atem.

Das zweite Kind, ein Mädchen, war ganz anders: Es vermied den langen Blickkontakt (den der Junge genossen hatte), es ließ sich leicht und problemlos ins Bettchen legen, es suchte nicht den ständigen Kontakt mit der Mutter, es war viel in sich gekehrt und mit sich beschäftigt. Die Mutter hatte Schuldgefühle und ein schlechtes Gewis sen. Sie sagt, sie habe sich nach dem ersten Kind geschworen, sich beim zweiten Kind nicht so aufbrauchen zu lassen, und das habe dieses zweite Kind, das Mädchen, sicher ganz früh gespürt und habe abgelassen von seinem Kontaktwunsch an die Mutter. Sie habe sogar Impfungen vernachlässigt, was beim Jungen überhaupt undenkbar gewesen wäre. Sie hatte tiefe Schuldgefühle bezüglich dieses Mädchens und ein ganz schlechtes Gewissen. Es gelang uns dann gemeinsam, zunächst einmal festzustellen, dass dieses Mädchen zumindest (allem Anschein nach) keinen Schaden davongetragen hat. Es sucht einen zärtlichen Kontakt zum Vater, ist ein altersgemäß entwickeltes Kind, es kann auch zu der Mutter Kontakt aufnehmen, im allgemeinen ist es ein „Sonnenkind". Es ist auch nichts Nachteiliges durch die Vernachlässigung der Impfungen geschehen. Dennoch plagte die Mutter weiterhin das schlechte Gewissen.

Es gelang uns dann aber weiter herauszufinden, dass diese Frau in dem Mädchen sich offenbar selbst sah, und sie sah, dass sie durch ihre Mutter tiefe Vernachlässigungen erfahren hatte, was sie als tiefe Kränkung empfand, da sie nur ihr als dem Mädchen und nicht ihrem Bruder angetan worden waren. Dabei wurde ihr aber klar, dass sie, im Gegensatz zu ihrer Tochter, selbst ein depressives und schwermütiges Kind gewesen war, und, dass gelegentlich Wutausbrüche von dem Umfeld im Keim erstickt worden waren, so dass sie bereits mit drei Jahren genau wusste, was die Mutter wollen konnte, wie die Mutter sich fühlte oder was von ihr, dem Kind, verlangt sein könnte – und: dass ihre Tochter nicht ein Sonnenkind im Interesse bedürftiger Eltern war, sondern aus freien Impulsen, dass es heiter, aber auch zu heftigen Wutausbrüchen fähig war und diese nicht verboten bekam. Es war klar, dass dieses Mädchen eine völlig andere Sozialisation hatte als die Mutter, dass es eine Schädigung, wie sie die Mutter aufweist, überhaupt nicht erlitten hatte oder erlitt. Es war also unendlich wichtig, herauszufinden, dass die Schuldgefühle auf einer Identifikation basierten, die der Wirklichkeit nicht gerecht wird.

In diesem Fall ist der Hintergrund der Schuldgefühle sicher der des frühen Kindheitsschmerzes, den die Klientin wieder neu empfinden musste, als sie eine Tochter gebar – nach einem erstgeborenen Sohn – genau wie sie es selbst als Kind erlebt hatte. Das verstärkte natürlich die Neigung, sich ihrer verletzten eigenen Kindheit zu erinnern und sich mit ihrer Tochter zu identifizieren.

Es war nicht einfach, den Unterschied zwischen ihr und der Tochter immer wieder hochzuhalten; nur der Blick auf die Realität bis in die Einzelheiten hinein konnte uns belehren, dass für ein Schuldgefühl keine Voraussetzung bestand.

Ich konnte die Frau auch insofern erfolgreich beruhigen, als sie bei mir mit ihrem dritten Kind – wieder einem Mädchen – saß. Ich hatte einen so überwältigten Eindruck von ihrer selbstverständlichen Intuition für dieses Kind, die sie niemals verließ, auch wenn sie selber ihre Probleme mit mir besprach und beweinte. Das Kind verhielt sich so autonom und gesichert, dass ich keinen Moment die Sorge hatte, es könne sich für die Mutter verantwortlich fühlen. Ich konnte ihr also spiegeln, dass ich sie als eine sehr intuitiv weise Mutter erlebte; und dass das vermutlich auch bei ihrem zweiten Kind so gewesen wäre und noch sei.

Allerdings war das Umfeld dieser Frau anders: Ihre Schuldgefühle und ihr schlechtes Gewissen wurden durch Eltern und Schwiegereltern der Klientin genährt. Sie wurde „kalt" und „gefühllos" genannt und somit derart stigmatisiert, dass es kaum einen Ausweg aus den entsetzlichen Schuldgefühlen gab. Es gehörte therapeutische Arbeit dazu, die Mutter tief innen davon zu überzeugen, dass sie eine unfehlbare Intuition für ihre Umgebung und für ihre Kinder besaß, und dass sie keineswegs so kalt und gefühllos sei, wie behauptet wurde, sondern durch ihre Sozialisation dermaßen prägend hatte lernen müssen, dass Gefühle Nachrang hätten hinter den Bedürfnissen anderer, dass sie ihre Gefühle zu unterdrücken gelernt hatte und nur an sicherem Ort, also mit Mann und Kindern, fließen ließ.

Es ist eine Frau, die bereits in ihrem Gesicht eine ganz tiefe Gefühlsbereitschaft und Gefühlsfähigkeit ausdrückt. Ich kann mir gut den Neid ihrer Umgebung auf ihre Ausstrahlung vorstellen. Die Schuldzuschreibungen kann ich dann als ein hochwillkommenes Ventil für die giftigen Neidgefühle erkennen.

Es ist auch hier ganz deutlich zu sehen (was zu dem Thema „Schuldgefühle" und „schlechtes Gewissen" in aller Regel passt), dass die Umwelt, vor allem natürlich der Partner, der Vater, der Schwiegervater, aber auch die Mutter bzw. die Schwiegermutter nur allzu gerne die Schwiegertochter, Tochter oder Partnerin für das gesamte emotionale Geschehen in der Großfamilie verantwortlich machen wollten. Es ist ja ein altes Gesetz, dass Frauen nur allzu gerne von der Umwelt benutzt werden, Schuld und Verantwortung zu tragen, soweit nur immer möglich.

Ich erinnere an die Frage bezüglich der Autoaggression. Es besteht aus diesem Grund für die Frau häufig die einzige Möglichkeit darin, ihre Aggressionen gegen sich selber zu wenden, weil eben die Umgebung nicht nur unfähig ist, Vorwürfe auszuhalten, sondern überhaupt unfähig ist, Schuld oder Verantwortung zu tragen.

Es hat sich auch durch Jahrtausende bewährt, dass die Frau, die bereits ihrem Wesen nach sehr mächtig ist, da sie Gebärerin und Ernährerin aus ihrem Leibe ist, unbedingt eines Denkzettels bedarf, damit sie nicht ganz so groß erscheint. Aus dem Neid auf die Macht der Frau heraus (und aus der tiefen Abhängigkeit von ihr) entstand die Idee, die Frau zur Trägerin der emotionalen Bedürfnisse und damit auch zur Trägerin der Verantwortung und der Schuld zu machen. In der Therapie wird in jedem Fall bei diesem Thema wichtig sein, unbeeinträchtigte Forschungen bezüglich wirklicher Schuld oder eingebildeter Schuldgefühle durchzuführen, sonst fühlen die Frauen sich schnell wieder nicht ernst genommen und bleiben in ihren bohrenden Schuldgefühlen hängen, die sie introjiziert bekommen haben.

11. Frage: Was sind für dich Introjekte?

Aufgrund meiner Erfahrung pflege ich zu sagen: das Gewissen ist ein stinkender Haufen giftiger Introjekte. Ich halte diesen Ausdruck für nicht übertrieben. Wir leben mit einer Unzahl von Introjekten – wie wir sein müssten, wer wir sein sollten, was wir tun müssten, was wir ahnen müssten, dass wir kurzum überhaupt nie genügen. Das macht dann ein permanentes schlechtes Gewissen und lähmt die Lebensfreude vollends.

Das Wesen dieser Introjekte ist, dass sie nicht dazu dienen, als eine gesunde Selbstkritik uns zu genauerem Umgang mit unseren Fähigkeiten zu bewegen, uns zu differenzierterem Handeln zu bewegen, sondern dass sie, da sie nicht von unseren Potentialen ausgehen, sondern von einer wo immer auch beheimateten Perfektion, nicht unsere Vervollkommnung, sondern unsere Lähmung bezwecken.

Jeder kennt das Gefühl, dass sie oder ihn beschleicht, wenn irgendwie im Inneren der Satz auftaucht: eigentlich müsstest du …, eigentlich dürftest du nicht … Es ist sehr wichtig, diese Sätze wirklich beim Schopf zu fassen und zu untersuchen. Sonst sind sie der eigenen Entwicklung so schädlich, dass sie sich wie tödlicher Mehltau auf das Leben legen.

Man wird bei allen Introjekten feststellen, dass sie gar nicht auf den Potentialen fußen wollen, die man weiter ausbauen könnte, sondern dass sie dazu angetan sind, einen zu lähmen, d. h. einem das Leben zu kränken, einen, – genau gesprochen –, dem Tod zu überantworten.

Der Ursprung dieser tödlichen Appelle liegt natürlich in der frühkindlichen Lernzeit. Er ist selten wirklich an einzelnen Sätzen der Eltern oder der Gesellschaft im Umkreis des Kindes festzumachen, weil viele von diesen Stimmen ohne Worte gesendet werden, durch Blicke, durch

die im Raum schwebenden Familienregeln, durch die im Raum schwebenden
Rollenverteilungen im System etc. Aber es
ist ein untrügliches Zeichen für eine solche
„Todesstimme", wenn eine sogenannte
Selbstkritik lautet: du solltest …, du müsstest …, und zur Folge hat, dass der oder
die Angesprochene sich gelähmt fühlt.
So einfach diese Probe ist, so unfehlbar ist
sie auch.

Ich bin sicher, dass die Beeinflussung
durch solche Todesstimmen die Kindheit
begleiten, d. h., dass man nicht nur in
frühester Zeit damit konfrontiert ist, sondern dass die ganze Kindheit, von den
Eltern und Geschwistern angefangen bis
zu Kindergarten und Schule etc., diesen
Stimmen-Chor verstärken oder fortsetzen
kann. Man muss einfach davon ausgehen,
dass die Säuglinge und später die Kinder
durch die vorhergehende Generation
Neid erfahren. Neid auf ihre Jugend,
Neid auf ihre Chancen, Neid auf ihren
selbstverständlichen Egoismus, Neid auf
ihre Fröhlichkeit, ihren Übermut, ihre
unermüdliche Energie; und dass die Introjekte dazu angetan sind, die Rollen
im System zu festigen oder herzustellen,
also eine Hackordnung zu erstellen, ein
hartes Gesetz, das jede Lebensfreude, jeden Lebensgenuss und jede Freude an
der eigenen Energie möglichst weitgehend dämpft.

All diese introjizierten – eingeimpften – Todesstimmen beheimaten sich dann im Gewissen. Wie das geschieht, ist für mich logisch. Jedes Kind versucht seine Umwelt zufrieden zu stellen, und es sucht bei sich schon ganz früh die Schuld, wenn etwas in der Umgebung nicht planmäßig läuft, nicht harmonisch ist. Es muss also ganz früh eine Aneignung dieser Stimmen durch das Kind erfolgt sein. Die Eltern nennen diese Angst des Kindes, an allen Disharmonien in der Umwelt schuld zu sein, dann ein „schlechtes Gewissen" und stabilisieren damit die Schuldzuweisung.

Dieser Vorgang ist, wie ich in heutigen Familien festgestellt habe, nur zu umgehen, wenn die Eltern bei irgendwelchen schlimmen Gefühlen, denen sie unterliegen, bei irgendwelchen Streitigkeiten, die sie haben oder bei irgendwelchen Schwermutsanfällen, die sie packen, stets zu den Kindern sagen: Es liegt nicht an dir, du hast keine Schuld. Wichtig ist, dass Kinder ganz genau Bescheid wissen, wo sie wirklich schuld sind und wo nicht. Ein solches „schlechtes Gewissen", also eine Introjektion von Schuld in den Kindern entsteht häufig einfach durch Erziehungspraktiken, die wieder den eigenen (tabuisierten) Gefühlen der Eltern wie Neid, Wut, Überdruß, Ekel oder Scham anlässlich der eigenen Nachkommenschaft entspringen. Diese Erziehungspraktiken introjizieren den Kindern mit vielen versteckten Abwertungen, dass sie nicht den Erwartungen der Eltern entsprechen, nicht klug genug sind, nicht schön genug, nicht fügsam genug etc. Die Reihe ließe sich beliebig fortsetzen. In den Kindern wächst dadurch das „schlechte Gewissen", nicht zu genügen, verkehrt zu sein, eigentlich kein Lebensrecht zu haben zu dürfen und keinen Wert zu besitzen, also für die Eltern eine ständige Enttäuschung zu sein. Man kann sich gut vorstellen, wie durchgängig dieses innere Gefühl das Leben der Kinder beeinflusst, zumal wenn das „Gewissen" durch den Einfluss von Religion und Kirche in der gleichen Weise benutzt, d. h. mit dem Introjekt beladen wird, dass man auch vor Gott nie genüge.

Die Befreiung von der Vergiftung durch die vielen Introjekte, mit denen die Klientin oder der Klient kommen (oder die man selbst mit sich herumträgt), ist eine langwierige Aufgabe. Sie gelingt nur:

1. durch eine äußerst klarsichtige Diagnostik aller inneren Stimmen auf ihren Introjektionsanteil und

2. durch einen wirklich groben Umgang mit ihnen – eine Diskussion mit ihnen bringt nichts.

Die Befreiung braucht immer wieder durchaus harte Umgangsformen der Absage an sie.

Ein Hilfsmittel dabei ist die Lust am Ungehorsam. Jede(r) hat diese Lust in sich, sie ist also eine frische und starke Kraft. „Ich gehorche euch nicht mehr" ist die wirksamste Absage an die Introjekte, weil sie neben dem lustvollen Ungehorsam auch die Dissoziation bringt, den Abstand zu diesen innerlichen Stimmen als zu fremden Einflüsterungen, die sie ja auch in Wirklichkeit sind, auch wenn sie sich wie eigene Gedanken anfühlen.

Die einzige wirkliche innere Stimme, die einen gut leiten kann, ist die viel beschriebene Intuition, sie kennt die eigenen Potentiale, sie ahnt die Wahrheit, spricht weise und ist auf Entwicklung gerichtet. Allerdings ist sie auch leise, nicht redselig, sie kennt keine Argumente, keine Diskussion. Sowie Wünsche, Befürchtungen oder Ängste den Menschen beherrschen, ist sie unhörbar. Man muss sich erst zurückziehen und still lauschen, bis man ihre leise, aber unbestechliche Stimme wieder hört und ihre Weisheit erkennt.

12. Frage: Kannst du zu dem Thema Kommunikation etwas sagen? Warum klappt sie in vielen Fällen so wenig?

Wenn man genau hinhorcht, ist jede Kommunikation zunächst einmal die Pflege des eigenen Selbstwertes. Das klingt hart. Ich finde es aber sogar vernünftig, dass man mit seiner Kommunikation sich nicht selber ins Aschgraue reitet, sondern auf eine angemessene Selbstdarstellung und die

Erhaltung seines Selbstwertes achtet. Je misstrauischer allerdings der Mensch bezüglich der Erhaltung seines Selbstwertes ist, desto penetranter wird die Kommunikation davon beeinflusst. Das heißt, dass zwischen den Kommunikationsteilnehmern bezüglich der Kommunikation nicht primär ein Austausch angestrebt wird, sondern höchstens ein Kampf zwischen den Selbstwerten. Denn es besteht folgendes erbarmungsloses Gesetz im Patriarchat: Ich habe nur so viel Selbstwert, wie ich dem anderen abknöpfe. Es klingt absurd, ist aber, soweit ich es beobachten kann, leider wahr.

Selbstwert wird im patriarchalen Raum wie Kapital gehandelt. Davon gibt es auch nicht unendlich viel auf der Welt, sondern nur so viel, dass der eine mehr hat als der andere oder weniger. Genauso wird Selbstwert gehandelt.

Wenn man sich Gespräche genau anhört, dann wird man feststellen, dass diese Äußerung nicht übertrieben ist.

Es ist als ein Wunder zu betrachten, wenn so viel Selbstwertfülle im Raum ist, dass die Kommunikation sich darum überhaupt nicht zu kümmern hat. Deswegen mache ich so sehr gerne Therapien und Supervisionen. Da ist der Raum gegeben, in dem grundsätzlich eine große Selbstwerterlaubnis existiert, so dass für jeden genügend Selbstwert vorhanden ist;

ohne Sorgen kann jede(r) zu einer inhaltlichen und intersubjektiven Kommunikation beitragen.

Im Rahmen der Frage nach dem Umgang mit Macht (Diplomatie, Strategie, Subversivität) habe ich die billige Regel ausgesprochen: Wenn du von einem Höhergestellten etwas haben willst, gib ihm erst zwei bis drei Komplimente. Der Hintergrund liegt hier in dem Gesetz:

Selbstwert = Kapital. Sowie ich dem anderen signalisiere: Ich gebe dir Selbstwert, ja, ich verstärke deinen Selbstwert und ich beachte ihn, kommt der andere in die Lage, sich eine Bitte oder eine Forderung anzuhören, d. h. sie nicht aus Sorge um seinen Selbstwert abzuschlagen.

Denn bei bedrohtem Selbstwert muss jede Forderung oder Bitte abgeschlagen werden, damit der Fordernde oder Bittende ein Selbstwertminus einzustecken hat. Das erst bedeutet die Selbstwertsteigerung des Verweigernden.

Mein Bild ist da gerne die Wippe: je höher der eine kommt, desto tiefer kommt der andere, bzw. umgekehrt. Das gilt in der Welt des Patriarchats erbarmungslos für den Selbstwert, so wenig der einzelne das auch wahrhaben mag.

Es ist aber erlösend zu lernen, dass bei selbstverständlicher Erlaubnis des Selbstwertes jede Kommunikation fließen kann. Ich kann selber viel dafür tun: Ich muss nicht als erstes meinen eigenen Selbstwert stärken, sondern kann ruhig, da genug Selbstwert im Raum ist, rundherum die Selbstwerte stärken. Dann kann eine Kommunikation im erlaubnisgeschwängerten Raum fließen. Man wird nicht verhindern können, dass jede Kommunikation immer wieder davon beschlichen wird, dass jemand seinen Selbstwert steigern möchte, aber es ist ein so wunderbares Ziel, eine Kommunikation zu haben, die sich den Themen widmen kann, (die in der Regel hochinteressant sind), dass man dafür einiges in Kauf nehmen kann, nämlich immer wieder den Selbstwert in der Runde zu verteilen. Wem das grässlich klingt, der sei gewiss: Kleine Signale reichen, es bedarf in vielen Fällen gar nicht großer Leistungen an Selbstwertvorgabe. Mitunter reicht die Begrüßung, oder hin und wieder ein Blick, eine Erwähnung oder Akzentuierung von Beiträgen etc.

Virginia Satir, die begnadete Familientherapeutin, begann jede Familiensitzung mit zwei Anfangsritualen: Erstens holte sie für alle Teilnehmer Sitzgelegenheiten, so dass sie alle gleich groß waren, ohne dass jemand stehen musste. Das hat sie mit unendlich vielen Klötzen gemacht, die in ihrem Zimmer waren. Zum Schluss waren alle in einer Augenhöhe, d. h. sie hatten alle gleich viel Wert.

Das zweite Ritual war, dass sie von allen, einschließlich von sich selbst, die Lebensalter zusammenzählte und dann strahlend, (ohne dass es falsch klang), sagte: Diese Potentiale haben wir hier im Raum. Meistens war die Zahl beeindruckend groß. Damit schuf sie die Voraussetzung für eine heilende Kommunikation, wie sie besser nicht erreicht werden kann.

13. Frage: Wie kann es geschehen, dass die im Erstgespräch genannten Symptome und Schwierigkeiten sehr bald in der Therapie keine Rolle mehr spielen?

Ich denke, es handelt sich dabei um folgendes: Jeder, der Therapie sucht, weiß aus Erfahrung, wie schwierig es ist, sich bei dem Therapeuten oder der Therapeutin interessant zu machen; wie schwierig es ist, den Leidensdruck oder die Sehnsucht nach Therapie in greifbare Formeln zu bringen, d. h. wie groß das eigene Misstrauen bzw. die eigene Angst davor ist, nicht wirklich gesehen zu werden. Deswegen nehme ich das zu Anfang geäußerte Symptom oder die Befindlichkeit etc. erst einmal als die Eintrittskarte, die ich gereicht bekomme, damit ich die Tür aufhalte und für den Menschen, der da kommt, den Stuhl bereithalte, d. h. damit der Klient oder die Klientin sicher ist, dass er oder sie willkommen ist. Und dann entsteht durch das Genogramm (s. o.) zum Beispiel eine unabhängig von Symptomen wachsende Kommunikation mit dem Hintergrund: „Jedes Menschenleben ist einen Roman wert", so dass das Symptom gut in den Hintergrund treten kann, denn jeder Klient und jede Klientin fühlt sich wichtig und interessant, ohne dafür Erstaunliches oder Erschreckendes bringen zu müssen.

Selbst wenn Klientinnen oder Klienten als Eintrittskarte ihre eigene Kompetenz an der Garderobe abgeben, sich also kleiner machen, als sie sind, sich hilfloser machen, als sie sind, um der Therapeutin oder dem Therapeuten das Gefühl der Macht zu geben und sich die Erlaubnis, nichts mehr zu wissen, – selbst bei einem solchen Klienten hilft das Genogramm, eine Situation herzustellen, in der Interesse, Engagement und Intersubjektivität herrschen.

Eine schwierige Eintrittskarte besteht in einer nur aus Kompetenz und Kritiksucht gemischten Selbstdarstellung des Menschen, der da kommt. In der Regel entsteht dadurch eine Testsituation für den Therapeuten oder die Therapeutin: „Wie gehst du damit um, dass ich so therapieerfahren und so kritisch bin?" Es ist eine verdeckt aggressive Eintrittskarte, der nicht leicht zu begegnen ist. Wissen sollte man, dass sie eben häufig nichts anderes ist als die Bemäntelung der Unsicherheit, des Misstrauens und der Angst des Klienten oder der Klientin, nicht willkommen oder nicht bedeutungsvoll genug zu sein. Aber jeder Therapeut, jede Therapeutin hat die Verantwortung und das Recht, für die Würde des settings und den respektvollen Umgang miteinander zu sorgen. Die Grenzen der Kommunikation müssen gewahrt bleiben (s.u.).

14. Frage: Was ist, wenn der Klient oder die Klientin „nichts" mitbringt, also „kein Thema" hat?

Natürlich kann das auch bei dem größten Erlaubnisraum vorkommen, dass den KlientInnen der Zugang zu ihrem eigenen Leid oder zu ihren eigenen Gefühlen verstopft ist. Ich selber weiß es noch sehr gut, dass ich in der Therapie mitunter saß und nichts wusste. Das ist für mich ein ziemlich schlimmer und peinlicher Zustand gewesen. Der Therapeut sagte zwar: Ich bin auch für dich da, wenn du nichts hast, aber ich wusste dennoch nicht, wie ich die Szene füllen, d. h. meine Bedeutung wahren sollte. Von daher ist wiederum das Genogramm wichtig, weil man immer wieder daran weiterschreiben kann.

Aber es gibt noch ein anderes Mittel, zumal wenn eine genügende gegenseitige Akzeptanz besteht. Es ist die Arbeit mit **projektivem Material.**

Den Umgang mit projektivem Material habe ich vielfach praktiziert. Er befähigt mich, einfach zu sagen: „Wenn du heute nichts mitbringst, dann interessierst du mich weiterhin; vielleicht kannst du ein Experiment machen: Lass' dich gehen (!), und zwar durch den Raum und die angrenzenden Räumlichkeiten etc., die du sonst auch betrittst (inklusive Badezimmer), und nimm dir drei bis fünf Dinge, die herumstehen, herumliegen oder greifbar sind, ohne dass du sie beschädigst. Dann suche dir einen Platz in allen Räumen, die du eben abgegrast hast und baue dort aus den ergriffenen Objekten ein Modell. Das muss nicht irgendwie besonders bedeutend sein. Es besteht einfach darin, dass du diese drei bis fünf Gegenstände zusammenstellst. Wichtig: Die Gegenstände holst du am besten, indem du einfach das, was dir Lust macht, ergreifst, dir also nicht irgendwelche Vorstellungen machst, wofür du es gebrauchen könntest, sondern einfach greifst, was dich anspricht. Das heißt: Lass' dich von deiner Lust führen. Man kann sogar sagen: Lass' dich gehen, einzig mit der Idee ‚Ich bin hier, und mit mir zusammen gehe ich los und hole, was mir Spaß macht.'"

Wenn das Objekt gebaut ist, gibt es einen weiteren Akt in dieser Arbeit: Ich reiche dem Klienten oder der Klientin ein Blatt Papier und einen Stift und bitte ihn oder sie, an dieses Modell einen kleinen Brief zu schreiben – sozusagen als bester Freund oder beste Freundin. (Ich weise darauf hin, dass die Person sich selber aufgebaut hat, wie sie sich im Augenblick fühlt.) Nach anfänglichem Schock können alle irgend etwas an ihr Modell schreiben. Ich sage allerdings vorher, dass es primär nicht für mich bestimmt ist, sondern für sie, damit sie mit sich (in diesem Modell) in Beziehung treten können.

Sodann ist der nächste Akt, dass wir eine Vernissage machen: Wir gehen zusammen zu dem Modell; ich äußere eine Anmutung, nicht eine Interpretation. Ich erzähle, wo mein Auge gerne weilt, was für einen Weg mein Auge nimmt, wohin mein Auge zurückkehrt, wo es sich ungern aufhält und was vielleicht ein Platz wäre, an dem ich mich niederlassen könnte, wenn ich die Erlaubnis bekäme. Ich werde nichts von den Objekten anfassen oder anders hinstellen; ich darf aber erzählen, wie es mir mit ihnen geht. Vielleicht finde ich sogar eine Überschrift für das Modell. Es geht alles nur darum, dass ich nicht interpretiere, sondern mein Inneres frage, was es zu diesem Objekt empfindet.

Das ganze Geschehen hat also folgende einfache theoretische Grundlage:

1. Selbstausdruck (Objektbau)

2. Selbstwahrnehmung (Brief an sich selbst)

3. Erfahrene Fremdwahrnehmung (meine Anmutung)

Der vierte Akt ist, dass wir zu unseren Plätzen zurückkehren und dass der Klient bzw. die Klientin erzählt, ob er oder sie sich verstanden und gesehen gefühlt hat. Wenn das nicht der Fall war, kann erzählt werden, was nicht gesehen oder verstanden worden ist. Aber es geht auch hier nicht um Interpretationen. Es geht um das Verständnis für sich selbst, um das Interesse an sich selbst und um die Liebe für den eigenen Prozess.

Diese Grundform kann man weiter ausbauen, z. B. bei Entscheidungen: Man kann für beide Pole, zwischen denen entschieden wird, ein Modell bauen lassen und dann den Klienten oder die Klientin bitten, sich mit den Modellen nacheinander zu identifizieren, sich darin zu fühlen und die Essenz eines jeden wahrzunehmen. Das hat in der Regel eine noch lebhaftere Entscheidungslust zur Folge und ist effizienter als die Stuhlarbeit, denn – und das gehört zu den Grundsätzen des Experimentes: Die rechtshemisphärische Wahrheit wird angezapft, die in der Regel tiefer gegründet ist, weil sie unbewusster und bildhafter als die bereits bekannte linkshemisphärische Wahrheit ist.

Ich benutze diese Modellbauten auch bei Beziehungsklärung: Der Mann – sagen wir Klaus – baut für sich ein Objekt, schreibt an sich einen Brief. Ebenso die Frau – sagen wir Annemarie – baut für sich ein Modell und schreibt an sich einen Brief. Beide Briefe bleiben solange bei dem

Schreiber und bei der Schreiberin unter Verschluss, wie sie entscheiden.

Dann geht die Vernissage los, alle drei betrachten die jeweiligen Modelle, und nur die ZuschauerInnen dürfen ihre Anmutung äußern. Die Anmutungen wechseln reihum; die Reihenfolge der Anmutungen hängt von der Lust der TeilnehmerInnen ab. Häufig werde ich gebeten, zuerst zu sprechen, und ich scheue mich auch nicht, den Anfang zu machen, weil ich dann Modell dafür sein kann, dass keine Interpretationen, Ratschläge oder dergleichen geäußert werden, sondern nur reine Anmutungen.

Der nächste Schritt dieses Paar-Experiments: Klaus baut für Annemarie ein Modell; d. h. er geht durch die Räume und guckt, was ihn anspricht, wenn er an Annemarie denkt. Annemarie baut ebenso ein Objekt für Klaus. Keine der benutzten Materialien dürfen zweimal verwendet werden!

Auch die erstgebauten Modelle dürfen nicht angerührt oder verändert werden. Dann schreibt man auch an die andere Person einen Brief (als beste Freundin oder als bester Freund) und bewahrt den wieder bei sich auf. Damit ist das Experiment erst einmal beendet. Es folgt die Vernissage, und wieder können sich die Erbauer und Erbauerinnen fragen: „Sind wir gesehen worden, haben wir alles gesehen, haben wir verstanden, sind wir verstanden worden?"

Es können auch hier Ergänzungen gebracht werden.

Wenn noch Zeit ist, gehe ich bei Beziehungen auch dazu über, dass beide zusammen, (ohne zu reden), ein Beziehungsmodell bauen. Jeder darf drei bis fünf Teile beibringen, und dann schreibt jeder an die Beziehung einen Brief. Dann kommt, wie bekannt, die Vernissage, bei der wir alle uns nacheinander anmuten lassen. Die Beziehungspartner berichten zum Schluss, ob sie sich verstanden gefühlt haben oder ob sie einander nun besser verstehen.

In aller Regel kommt nicht gleich heraus, was die Übung für einen Sinn hat. Häufig entsteht hinterher Enttäuschung – was sollte denn das nun wieder? Aber auf die Länge gesehen kann man die Modelle immer wieder abfragen und immer wieder herbeiholen, um ihre Weisheit zu nutzen. Denn der Schluss der ganzen Übung besteht darin, dass ich sage: „Nimm bitte ein inneres Foto von deinem Modell, von dem des anderen und von dem Beziehungsmodell, so dass du, wenn du die Augen zumachst, alle Modelle vor dir siehst: Setze den Vorgang so lange fort, bis du wirklich innerlich die vollständigen Fotos genommen hast." Dann kann man immer wieder darauf zurückgreifen. (Ich weigere mich, digitale oder Polaroid-Bilder anzufertigen; ich will die rechtshemisphärischen Kräfte der Leute schulen, die im Bilderreich liegen, in der Imagination, in der Vorstellung, in der Visualisierung etc., und deswegen empfehle ich, die inneren Fotos herzustellen. Wir haben immer wieder erlebt, dass wir bei der weiteren Therapie die entstandenen Modelle vollständig aus dem Inneren hervorzaubern können.)

Damit ist ein weiterer Bereich angesprochen, nämlich der rechtshemisphärische, der für Beziehungsverflechtungen, für Entscheidungsstrukturen und für die Selbst- und Fremdwahrnehmung viel gutes Material aus seinem Reich der inneren Bilder beibringt.

15. Frage: Was verstehst du unter einer „Zentrierung"?

Auch diese Übung gehört in den Bereich der rechten Hemisphäre. Wenn eine Klientin oder ein Klient nicht weiß, was gerade „dran" ist, wenn die Grundstimmung so verwirrt ist, dass sie nicht gelöst werden kann, oder wenn keine Möglichkeiten vorliegen, an irgend etwas gezielt zu arbeiten, dann schlage ich, (oder auch der Klient oder die Klientin tut es selber) eine Zentrierung vor.

Sie beginnt damit, dass der oder die Betroffene sich in ihrem Stuhl gut verankert, hinten gestützt und vorne frei ist, möglichst aufrecht sitzt, aber nicht unbedingt ohne Anlehnung an die Stuhllehne. Nun bitte ich darum, dass die Augen geschlossen werden, und dann führe ich die Klientin oder den Klienten mit ihrer Aufmerksamkeit durch ihren ganzen Körper, beginnend von dem Kopf. Ich beachte eine Grundregel: auch wenn mehrere Personen sich gemeinsam zentrieren, benutze ich stets den Singular, denn das Erleben in der Zentrierung ist immer individuell, nie gruppenorientiert.

Dabei stelle ich eine Übung für den Kopf an den Anfang: „Benutze deinen Einatem als einen Frühlingswind, der deinen Kopf durcheinanderwirbelt und alle Inhalte in deinem Kopf, alle Grübelknäule und Gedankenfetzen durcheinanderbläst, und dann benutze deinen Ausatem dazu, alles abzuschwemmen. Du kannst alles ausatmen. Was wichtig ist, kommt wieder; dein Kopf hat jetzt Pause und kann gereinigt, geklärt und erhellt werden." (Ich benutze möglichst keine negativen Formulierungen!)

Danach geht die Reise des Atems durch den Körper, ständig mit der fließenden Erlaubnis, sich zu entspannen; es geschieht keine Kontrolle, ob Entspannung entsteht, sondern nur strömende Erlaubnis, sich loszulassen, sich fallen zu lassen, sich einsinken zu lassen, mit der ständigen Einladung an die Muskeln, sich zu erinnern, dass jetzt Entspannung sein darf.

Gegen Schluss bitte ich den Klienten oder die Klientin, sich vom Atem noch ein-

mal durch den ganzen so gereinigten Leib tragen zu lassen bis tief in die eigene Mitte, wo die Seele wohnt.

Ich bitte die Person, sich bei der eigenen Seele niederzulassen, am murmelnden Quell des Lebens: ich bitte sie, ein rosiges Licht um sie beide zu verbreiten, in ruhiger Betrachtung die Weisheit der Seele zu hören. Frieden und Trost kann entstehen, auch ein tiefer Dank an die Seele für ihre Liebe.

Danach bitte ich die Person, sich wieder an die Oberfläche des Leibes zu begeben und dafür den Einatem zu benutzen, der nach der Entspannung die Anspannung, die Beweglichkeit und den Genuss an dem Tagesgeschehen weckt.

Damit ist kurz die Zentrierung beschrieben. Es ist wichtig, dass eine Zentrierung einen nicht wegführt aus dem eigenen Leibe. Im Gegensatz zur Traumreise, die im Liegen erlebt wird und den Sinn hat, die Seele an heilende Orte zu führen und dort zu reinigen und zu heilen, ist für eine Zentrierung wesentlich, dass sie im Sitzen geschieht; denn sie soll einen ja zentrieren und nicht entführen. Durch die Zentrierung entsteht natürlich auch Erholung, aber mit einem anderen Blickpunkt, mit einer Reinigung für die nächsten Aufgaben und nicht mit dem Abtauchen in andere Landschaften, die die Sehnsucht der Seele nähren und erfüllen.

Das ist der grundsätzliche Unterschied zwischen der Zentrierung und der Traumreise.

16. Frage: Kannst du eine Traumreise beschreiben?

Sie geschieht im Liegen. Im Unterschied zur Zentrierung wird nach der sorgfältigen Atemreise durch den eigenen Körper nicht das Innere der Seele aufgesucht; sondern der beseelte Leib wird friedlich zurückgelassen. Auf den Schwingen der Phantasie geschieht ein Flug durch die Lüfte, durch die Winde, durch die Wolken, zur Sonne, bis hin zum Eintauchen in die Dämmerung, in die Nacht, bis hin zum Flug in den neuen Morgen. Es ist sehr wichtig, dass die Seele fliegen darf.

Es ist auch für jeden möglich, ohne dramatische Unfälle etc. zu fliegen, wenn die Traumreise ständig auf das angenehme Erleben des Fliegens, sich Umspielen-lassens, sich Wiegen-lassens, sich Umwehen-lassens abhebt und keinen Raum lässt für irgendwelche schlimmen Abstürze etc. Sie sind nicht das Ziel des Fliegens in der Traumreise.

Das Ziel des Fliegens ist es, eine andere Landschaft zu finden, eine Seelenlandschaft, in der eine Landung gerne geschieht. Deswegen gebe ich sogar bei dem Flug einen Abend, eine Nacht, einen neuen Morgen an, damit für die Entdeckung und Erfahrung einer anderen Landschaft Raum entsteht.

Fortgesetzt wird die Reise durch die Landung in dieser Landschaft und die Erfahrung des Bodens mit den Füßen, die Erfahrung der Umgebung in der Nähe und in der Ferne und die Erfahrung des Horizonts und des Himmels. Danach gibt es verschiedene Möglichkeiten der Fortsetzung: es gibt die Fußreise, die über verschlungene Wege zum eigenen Seelenort führt, der Ruhe, Frieden und neue Möglichkeiten schenkt und wo die Seele neue Kraft schöpfen kann. Es gibt andererseits den Weg in die Tiefen der Erde, in der die reichen Höhlen der eigenen Weisheit und des eigenen Wissens betreten werden etc. (Solche Traumreisen werden in vielen Büchern geschildert, z. B. Peter Orban: „Die Reise des Helden" (1982). Es gibt aber unzählige andere, so dass ich keine spezifische Reise ausführlicher beschreiben möchte.)

Ich möchte nur darauf hinweisen, dass der Rückweg auch wieder über das Fliegen geht, damit es keinen Realitätsschock gibt. Die Seele soll Zeit haben, ihren Zufluchtsort bei sich zu bergen. als Bild mitzunehmen und langsam in den eigenen Leib zurückzukehren. Im Gegensatz zur Zentrierung ist die Traumreise ein Seelenbad in einer erträumten Landschaft; die Kräfte der Tiefe und der Höhe werden angerufen und schenken Trost und Heilung für das gesamte eigene Leben.

17. Frage: Wie denkst du über Tagträume?

Sie sind ein ganz wichtiges Kapitel. Manche Kinder überleben nur durch ihre Tagträume, in denen sie sich aus der Umgebung retten. Die Tagträume werden von der Umwelt häufig geringgeschätzt oder verurteilt als Realitätsflucht etc., aber sie haben in der Regel selbsterhaltende Funktionen.

Es gibt eine Geschichte, die ich in diesem Zusammenhang gerne erzähle:

Bei dem Bergwerksunglück vor Jahren in Lengede waren etwa elf Bergleute in einer Luftblase verschüttet, so dass sie zwar Luft bekamen und nicht sterben mussten, aber nichts weiter hatten, weder Licht, noch Nahrung, noch Wasser, noch die Zuversicht, ausgegraben zu werden.

Diese Bergleute wurden später, nach ihrer Rettung, katamnestisch erforscht, und zwar mit der Frage, wer von ihnen am besten, am schädigungsfreiesten die entsetzliche Krise überlebt hätte. Das Ergebnis war: Diejenigen hatten am schadenfreiesten überlebt, die mit ihrer

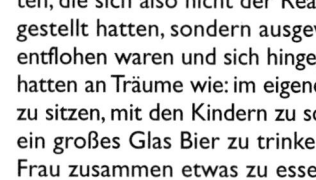

Seele einen Ausflug gemacht hatten, die sich also nicht der Realität gestellt hatten, sondern ausgewichen, entflohen waren und sich hingegeben hatten an Träume wie: im eigenen Garten zu sitzen, mit den Kindern zu schaukeln, ein großes Glas Bier zu trinken, mit der Frau zusammen etwas zu essen etc.

Für mich ist es verständlich, dass diese Bergleute am schadenfreiesten überlebt hatten, denn die Seele braucht ihre Ausflüge, für ihre Erholung, für ihre Entspannung und zur Selbsterhaltung.

Wenn Ihr als Therapeuten oder als Therapeutinnen arbeitet, werdet Ihr sicher auch an Euch wahrnehmen, dass Ihr plötzlich einen winzigen Ausflug macht, z. B. aus dem Fenster schaut und die wehenden Blätter seht, oder an die nächste Stunde denkt, an das kommende Mittagessen oder an irgend etwas, was Euch aus der Präsenz und aus dem direkten Kontakt mit dem Klienten oder der Klientin herausbringt. Schämt Euch bitte nicht dafür, es ist ein Zeichen, dass Eure Seele einen Ausflug braucht, um in die Präsenz zurückkehren zu können, erfrischt und wieder aufnahmefähig.

Erlaubt auch Euren Klientinnen und Klienten, sich aus dem Kontakt zu entfernen! Ein dauernder Kontakt ist eine Bedrohung, die einer Folter nicht unähnlich ist. Es muss unbedingt auch die Entfernung aus dem Kontakt als Möglichkeit gegeben werden, sonst ist eine ähnlich ausweglose Situation wie in der Kindheit die Folge. Also gebt Euch und anderen immer wieder die Möglichkeit, winzige Ausflüge zu machen, sei es auch nur, um ein Bild im Zimmer zu sehen, in die Ferne zu schauen, den schönen Stuck an der Decke zu betrachten, die Farbe des Teppichs oder das Gefühl der Füße in den Schuhen zu genießen etc.

Ein eigener Ausflug hat sogar ein diagnostisches Moment. Er zeigt nämlich, dass die eigene Seele belastet war. Das muss man nicht den Klienten offenbaren, aber man kann herausfinden, – das geht ja blitzschnell –, worin die Belastung bestanden haben könnte. Und dann ist man barmherziger und lässt die Behandlung der Themen lockerer angehen.

Dass Kinder durch Tagträume überlebt haben könnten, habe ich bereits erwähnt. Es gibt dazu aber noch eine kleine Geschichte, die ich nicht verschweigen will:

In einem therapeutischen Werk (ich weiß nicht mehr in welchem) wird von einem Kind erzählt, das „in Gegenwart der Mutter nicht allein sein konnte".
Die Klientin, die mir diese Geschichte erzählte, hat gesagt, was sie mit diesem Satz für ein Erlebnis gehabt habe.

Sie habe gemeint, er beinhalte einen Druckfehler. Ein Kind könne doch sowieso nur allein sein, wenn die Mutter nicht da sei. In der Gegenwart der Mutter sei es eben nicht allein. Der Satz ist aber kein Druckfehler gewesen und meinte etwas völlig anderes: Es gibt Kinder, die können, wenn die Mutter im selben Raum ist, ihren eigenen Innenraum nicht bewahren. Sie haben keine Möglichkeit, sich der dauernden, mit „Kontakt" falsch beschriebenen Kontrolle ihrer Mutter zu erwehren. Sie sind ständig mit ihren Antennen bemüht zu ahnen, wie es der Mutter geht, und sie müssen ständig erleiden, dass die Mutter mit ihren Ermunterungen, Fragen oder Zurechtweisungen auf sie einstürmt und ihnen keinen Innenraum gestattet. Die entsetzliche Lüge der Eltern: „Ich sehe an deinen Augen, ob du die Wahrheit sprichst", zeigt deutlich, dass es mindestens in meiner Generation, ich vermute aber auch späterhin, für viele Eltern unerträglich ist, wenn Kinder ein eigenes Innenleben haben, das den Eltern verheimlicht werden will oder muss. Dies ist für diese Eltern höchst bedrohlich, weil sie dahinter wittern, dass sie nicht die einzige Welt für ihr Kind sind, und dass es andere Einflüsse auf das Kind gibt und Innenwelten, die ihnen nicht zugänglich und durch sie nicht kontrollierbar sind.

Es wird also klar, dass es lebenswichtig ist, Kontaktunterbrechungen in der Therapie zu gestatten, dass kleine Ausflüge erlaubt sein müssen, sowohl dem Klienten und der Klientin als auch dem Therapeuten oder der Therapeutin, und dass die Seele ständig die Erlaubnis haben muss, sich allein zu nähren oder zu erholen, außerhalb der Kommunikation zwischen den beiden Personen.

Mir passt es immer, wenn Klienten während der Stunde zur Toilette gehen müssen. Ich ermuntere sie dann immer, – da sie dann ja ganz weit weg aus dem Kontakt sind –, wahrzunehmen, wohin die Seele sich begibt. Es ist mitunter sehr überraschend, was herauskommt, wenn sie wiederkommen. Ich habe natürlich in der Zeit auch die Möglichkeit, meinem Nachsinnen nachzugeben und stehe nicht an, es auch zu erzählen, was in der Zwischenzeit mit mir gewesen ist. Mitunter ergeben sich überraschende Aufschlüsse über die Therapie.

18. Frage: Was weißt du über Panik?

Die Panik, egal wie sie sich im Erwachsenenleben stellt, ist eine Nachricht aus vorsprachlichen frühen Zeiten. Es hat also keinen Sinn, sie als Wegweiser durch irgendeine schlimme Situation zu nehmen, als Wegweiser in der Therapie zur tieferen Erfahrung und Bewältigung schlimmer Erlebnisse. Sie ist ein dermaßen tiefes Grauen und gestaltloses Entsetzen, dass man den Klienten oder die Klientin in jedem

Fall zurückholen soll mit der Erlaubnis: „Komm ruhig wieder her, wir sind hier, und hier ist die Realität."

Die Panik ist, genau so wenig wie die gestaltlose Angst, ein „guter Wegweiser". Diese Angst ist häufig nur ein Deckname für Panik. Ich habe einmal den Spruch geprägt: Wenn man in ein tiefes Loch schauen will, muss man erst den Rand festtreten, um nicht, statt zu schauen, kopfüber hineinzufallen.

Nach diesem Grundsatz handele ich bei Panik und auch bei dieser Angst. Beide sind wie ein Sog, der einen ohnmächtig machen will. Dennoch müssen beide genau angesehen werden. Das geschieht am besten diagnostisch, also nicht mit starker Identifikation, sondern aus der Distanz. Dann kann man dahinter kommen, woher sie stammen, was ihre Hinweise sein könnten und wie man sie bewältigen kann. Da sie einen gerne immer wieder heimsuchen, genügt nicht eine Einsicht in ihren Sog und ein einmaliger Bewältigungsversuch. Es verlangt schon eine Art mentales Training, um sich ihnen gut gesichert zu stellen und sie dadurch immer besser zu bewältigen.

19. Frage: Was verstehst du unter „mentalem Training" und wann ist es dienlich?

Den Anstoß für mein eigenes mentales Training habe ich durch das aus der Hypnotherapie Milton Eriksons entstandene

Neurolinguistische Programm (NLP) bekommen; ich bin dafür wirklich dankbar, denn das so erlernbare mentale Training kann einen durchaus heilenden Effekt haben.

Die durch die Gestalttherapie aus den Tabus erlösten Gefühle können nämlich leidigerweise eine solche Macht auf einen ausüben, dass man durch sie eine ebenso schlimme Gefangenschaft erleidet wie als Kind durch eine fremdbestimmende Erziehung und Prägung.

Der Versuch, diese überwältigenden Gefühle in den Griff zu bekommen, indem man sie wieder mit einem Tabu belegt, kann natürlich kein fruchtbarer Weg sein. Andererseits ist es von essentieller Bedeutung, im eigenen Inneren selbstbestimmend zu sein und nicht ein Opfer der eigenen Gefühle zu werden. Mir hat das mentale Training da einen gangbaren Weg gewiesen. Es hat mich gelehrt, unguten, „mich verfolgenden" und mich auszehrenden Gefühlen effektiv etwas entgegenzusetzen, so dass ich sie bewältigen kann, ohne sie tabuisieren zu müssen.

Ein Grundgedanke des mentalen Trainings ist der, dass wir uns nicht einfach von einem „schwarzen" Gefühl oder Gedanken abwenden können, es sei denn, wir hätten ein Ziel, wo wir uns hinwenden könnten. Manchmal reicht es tatsächlich, ein unangenehmes Gefühl abzuwählen, ihm eine spätere Zuwendung zuzusichern und sich –

durch Musik oder anderer Mittel der Selbstbeeinflussung – bekömmlicheren Gefühlen
oder Gedanken mit allen Kräften zuzuwenden, um handlungsfähig zu bleiben und
die Selbstbestimmung nicht einzubüßen.

Es gibt aber Situationen, in denen diese
gedankliche Selbstbeeinflussung nicht hilft.
Da gibt das mentale Training probate Unterstützung. Es ergreift nämlich nicht allein
den Geist, vielmehr schafft es eine effektive
Einbeziehung des Leibes und der Nutzung
eigener Potentiale.

Es wird mit Gewinn bei der Bewältigung
kritischer Situationen angewendet, die alte schlimme Selbstgefühle (d. h. Introjekte) heraufrufen und alle Selbstbeeinflus-
sungen lähmen.

Ich beschreibe nun (trotz reichlich vor-
handener Literatur darüber) die Schritte
des Trainings noch einmal, um lange Verweise auf andere Literatur zu sparen.

Der erste Schritt des Trainings lautet:
Stell dir eine Situation in deinem Leben
vor, in der du mit dir ganz einig warst, die
du gut bewältigt hast und durch die dir ein
hohes Selbstgefühl zugewachsen ist. Dieser Zustand heißt **„moment of excellence" (m.o.e.).** Die Aufgabe besteht darin,
diesen Zustand nicht nur zu erinnern, sondern ganz in sich aufzunehmen. Sei es eine
bestandene Krise oder eine gut beendete
Gartenarbeit, ein gelungener Vortrag oder
eine gute sportliche Leistung, immer gibt

es dabei ein Gefühl des Atems, der Körperhaltung, des Bodenkontaktes und des weiten Blicks auf sich selbst und die Welt. Alle diese Ingredienzen des „moment of excellence" gilt es wieder herzustellen, d. h. sich selbst damit ganz und gar zu identifizieren.

Darüber wird, das ist das Ziel, die ganze Person ganzheitlich neu „programmiert". Schlimme Gefühle oder sonstige Misshelligkeiten werden abgewählt und entmachtet, weil ein neuer (und aus der eigenen Selbsterfahrung bekannter) ganzheitlicher Zustand herbeigeführt worden ist und herrscht.

Der zweite Schritt besteht darin, in diesem von schlimmen Gefühlen gereinigten, mit dem m.o.e. identifizierten Zustand die Szene heraufzubeschwören, die vorher eine derartige negative Gefühlsbesetzung hervorrief. Es kann geschehen, dass im gleichen Moment der gesamte, neue innere Aufbau zusammenbricht und die bekannte alte Lähmung – durch selbstfeindliche Gefühle und Gedanken – wieder Platz greift. Vor der nächsten Konfrontation mit dem Gegner muss also das vorhergegangene Aufbautraining sorgsam wieder hergestellt, die Identifikation mit dem „moment of excellence" wieder überall fühlbar sein. Dann erst wird der zweite Schritt wiederholt.

Dieser Vorgang der Identifikation mit dem „moment of excellence", der Konfrontation etc. muss sicher bis zu dreißig Mal oder öfter wiederholt werden. Dann entsteht eine Desensibilisierung oder Immunität gegenüber der kritischen Situation, die den realen Erfolg mittels der jetzt entstandenen Souveränität sichert. Ein Beispiel:

In einer Sitzung mit einem Klienten wurde deutlich, dass er sich sehr vor dem Abend fürchtete, an dem er mit einem profilsüchtigen Partner zusammen eine Gruppe zu leiten hatte. Er fürchtete das eigene Verstummen, die Lähmung und das völlige Versagen in der Situation. Ich bat ihn, einen „moment of excellence" aus seinem Leben zu wählen, sich ganz damit zu identifizieren und in der Identifikation dem Szenario des Abends gegenüber zu treten. Nachdem er diesen Vorgang in unserer Stunde eingeübt hatte, empfahl ich ihm, die Schritte bis zum Abend so oft wie möglich zu wiederholen. Es gelang ihm schnell, sich diesem Training zu unterziehen, er verabschiedete sich und sah dem Abend wohlgemut entgegen. Zu meinem Glück hatten wir am nächsten Tag bereits wieder eine Sitzung, so dass ich nicht so lange in der Spannung blieb, was wohl der Abend gebracht hätte. Meine Spannung war insofern besonders stark, als mir nach der Sitzung plötzlich einfiel, dass ich ihm nicht gesagt hatte, der m.o.e. müsse eine nur ihn betreffende Situation beinhalten; ich fürchtete plötzlich, er hätte vielleicht eine erotische Situation mit einer Partnerin gewählt. Das hätte der Stabilität in der allein zu bestehenden Krise sicher nicht gedient. Am nächsten Tag kam er wieder und erzählte, dass einige Gruppenteilnehmer ausgerufen hätten: „Du siehst so toll heute aus, bist du verliebt?" Ich fürchtete Böses. – Er berichtete aber weiter von der ganz souverän durchgestandenen Leitungssituation, und er war selbst sehr beeindruckt von seiner Fähigkeit; der Partner war nicht etwa an die Wand gedrückt worden, sondern nur auf ein normales Maß zurückgeschrumpft und ungefährlich geworden. Meine gespannte Frage: „Was war denn dein ‚moment of excellence'"? beantwortete er lächelnd: „Wenn ich nach dem Karate aus der Dusche komme." (Seither bin ich immer vorsichtig genug, zu erklären, dass der m.o.e. eine allein bestandene existentielle Erprobung beinhalten müsse.) Ich bin weiterhin natürlich von der Effizienz des mentalen Trainings überzeugt.

20. Frage: Kann jemand lieben, der als Kind nicht geliebt worden ist?

Ich weiß, dass es eine Therapieregel gibt, die besagt: wer als Kind nicht geliebt wurde, der kann nicht lieben.

Ich sehe den Zusammenhang häufig etwas anders. Nicht geliebte Menschen können häufig gerade lieben, denn sie wissen, wie sich die Liebesbedürftigkeit von innen anfühlt, sie kennen die Qual des Verdorrens, der ungestümen Sehnsucht nach Liebe oder auch die tiefe Resignation. Das befähigt sie zu intensiver und ausdauernder Liebe. Was diese ungeliebten Menschen allerdings wenig oder gar nicht kennen, ist das Gefühl geliebt zu werden. Das heißt, dass sie sich schlecht oder gar nicht lieben lassen können, da sie keine gesunde Selbstliebe entwickeln konnten. Das hat eine fatale Folge: Sie neigen dazu, zu viel zu lieben und zu dienen, d. h. den anderen ungewollt und unbewusst zu unterdrücken oder sich selbst ständig zu übergehen, sich mit ihrem Dienen zu überfordern und zu vernachlässigen, während sie treu und bis zur Erschöpfung lieben. Diese Folge ist fatal, weil der Eindruck bei den so geliebten Menschen entsteht, sie müssten sich ständig revanchieren bzw. hätten eine enorme Dankesschuld zu begleichen. Meist erwarten diese so Liebenden keinen Dank (weil sie sich ja nicht wichtig sind) oder höchstens ein kleines „Danke schön". Häufig erlangen sie noch nicht einmal diese Reaktion. Denn die so Geliebten versinken in ihrer „Dankesschuld" und geraten darüber gegen die so liebende Person in tiefe Wutgefühle, bis sie diese so selbstlos liebende Person endlich ganz und gar verachten. Ein so liebender Mensch leidet dann sehr, nimmt sich aber häufig immer noch nicht wichtig und liebt selbstlos, geduldig und aus ganzer Seele weiter.

Diese Abfolge findet sich besonders häufig bei Müttern in der Beziehung zu ihren Kindern. Die Entwicklung kann durchaus tragisch enden, es sei denn, diese Mütter lernten es, sich zu beachten, sich auch wichtig und wertzunehmen und ihre Grenzen so besser zu wahren.

Aber die Fähigkeit zu lieben, aus dem tiefen Wissen heraus, wie weh es tut, nicht geliebt zu werden, kann bleiben und sich als eine wohltuende Lebensquelle für viele Nichtgeliebte erweisen.

Eine weitere Quelle für die Dankesverweigerung der Kinder an ihre liebenden Mütter kann darin bestehen, dass die so liebenden Mütter den Kindern (mit Geld und/oder vielen Liebesdiensten verschiedener Art) aus entwicklungsbedingten Lebensunfähigkeiten, aus Schicksalsschlägen, aus Existenzgründungsschwierigkeiten zäh und geduldig heraushelfen. Hierfür gebrauche ich nicht so gerne den Ausdruck „selbstlos", sondern eher „selbstvergessen", weil es mir für dieses zähe und treue Dienen häufig die genauere (und nicht so stigmatisierte) Bezeichnung zu sein scheint.

Die so geförderten Kinder fühlen wohl auch Dankesschuld mit allen negativen Folgen, vorherrschend ist bei ihnen aber häufig noch ein anderes Gefühl: Sie betrachten die Mutter voller Peinlichkeit als Zeugin ihrer Schwäche und hassen sie dafür.

Der Mutter dafür Dank zu zollen hieße, ihr noch mehr Wert und Bedeutung zukommen zu lassen, als sowieso notvoll geschah. Der eigene mühsam hochgepäppelte Selbstwert würde dadurch wieder leiden oder sogar zunichte werden, da er ja durch die Erhebung der Mutter (nach dem patriarchalen Gesetz) erniedrigt würde.

Der einzige Ausweg müsste sich diesen Menschen in der Verunglimpfung und Erniedrigung der Mutter zeigen, ja sogar in der Bestrafung, Nichtachtung und Demütigung dieser Zeugin ihrer Schwäche. Von daher erscheint mir die Mutter-Kind-Beziehung sehr häufig tragisch. Es ist offenbar eine fast nicht lösbare Aufgabe für beide Parteien, sich aus der je eigenen Gefühlsfalle zu retten. Für die Therapie besteht die Hauptanforderung darin, beide Gegner einander zu übersetzen und sich gegenseitig ihre je eigene Falle aufzuzeigen. Dadurch kann bei großer Geduld allerdings eine Auflösung geschehen, die vorher schier unlösbar schien.

21. Frage: Wie kann eine therapeutische Supervision nach deiner Meinung hilfreich sein?

Ich habe in meiner Klientinnenzeit einige Supervisionen erlebt, die nicht nur nicht hilfreich, sondern im Gegenteil schädigend waren, weil sie durch das Gesetz bestimmt waren: Wer einen Fall vorträgt, wird (vor allem) durch Kritik oder gute Ratschläge abqualifiziert. Naturgemäß konnte ein solches Vorgehen nur schaden. Es schädigte und lähmte den Selbstwert des Vortragenden derart, dass jede Weiterbehandlung seines therapeutischen Falles für ihn unverdaulich werden musste. Von daher habe ich in meinem eigenen Supervisionsangebot vor allem darauf geachtet, dass sich diese Auswirkungen nicht einstellten.

Gelernt habe ich dabei einiges von Michael Balint. Seine Supervision rief, wie ich las und hörte, keinerlei Schädigungen hervor, das machte mich hellhörig. Also habe ich für mein Angebot wesentliche Details von ihm abgeguckt.

Meine Supervision findet also nach folgender Struktur statt:

1. Anfangsrunde: „Wie bin ich hier, womit bin ich hier, will ich etwas erzählen oder etwas bearbeiten?" – Der Gedanke dabei ist der, dass für einen Therapeuten oder eine Therapeutin entscheidend wichtig ist, wie es ihm oder ihr geht, weil er oder sie sein bzw. ihr eigenes wichtigstes Werkzeug ist.

Auch das Erzählen z. B. von Therapiefortsetzungen nach vorangegangenen Supervisionen („Womit bin ich hier") ist sehr schön und wichtig. Die Anmeldung von Arbeiten nimmt auch nicht wenig Raum ein, wenn ich, wie ich es gern tue, zu einer etwas ausführlicheren Darstellung des angemeldeten Arbeitsthemas ermuntere. (Dadurch wird später die Themenwahl für die Bearbeitung leichter!) Wir haben natürlich immer damit zu kämpfen, dass die Anfangsrunde nicht zu lang wird – aber bei einer solchen Hygienemaßnahme darf schon mal ein längerer Zeitraum vergehen. Außerdem liefert eine solche Anfangsrunde den selbstwertdurchfluteten Raum, in dem jede(r) themenzentriert reden kann, ohne um den eigenen Selbstwert zu bangen.

2. Ich berichte kurz, wie ich da bin, danach referiere ich das Programm der angemeldeten Arbeiten und bitte um Abstimmung über den Anfang.

3. Eine oder einer, sagen wir Agnes, hat den Zuschlag, sie fängt an. Ihr Thema: „Mein Vater ist gestorben." Grundsätzlich zur Themenwahl: Ich liebe Fallsupervisionen; aber eine therapeutische Supervision kann alle auch ganz persönlichen Themen nutzen, denn allein die Arbeit an den Themen wird supervidiert, damit alle Teilnehmer bei allen Themen ihrer Klienten gut arbeiten können. Von daher wird die Bearbeitung von Agnes' Thema „Mein Vater ist gestorben" unter folgenden Gesichtspunkten angegangen:

4. Alle Teilnehmer fragen sich:

a) Was geschieht in meinem Körper?
(Bauchweh, schwere Beine, Lähmung etc.)

b) Was geschieht in mir emotional?
(Angst vorm Tod, Abneigung gegen das Thema, Hilflosigkeit ...)

c) Welche Assoziation habe ich? (Tod in meiner Familie, Tod bei Klienten etc.)

d) Welche Impulse erwachen in mir?
(Weglaufen, Tipps geben wollen, Abschalten)

e) Welche Ideen gibt es bei mir anlässlich der Thematik?

(verschiedene Arten der Bearbeitung etc.)

Also gibt es bei mir keine rasche Sammlung von Ratschlägen oder Ideen; Jede(r) ist erst einmal mit dem eigenen Inneren beschäftigt und von da aus wesentlich empathischer und solidarischer als ohne meine Vorgaben. Und selbst wenn man nicht zu allen Punkten etwas in sich vorfindet, wächst die eigene Anteilnahme dennoch spürbar und damit die Akzeptanz der ProtagonistInnen. Das bedeutet für den Protagonisten oder die Protagonistin eine Stärkung des Selbstwertes und eine vertrauensvolle Basis für die Weiterarbeit.

Wenn alle inneren Phänomene abgefragt sind, ergibt sich bereits merkwürdig viel für die Aufschlüsselung des Themas. Die eigenen Gefühle der Therapeutin oder des Therapeuten werden bestätigt oder durch Ergänzungen gestärkt, das Thema hat viele Facetten bekommen und zeigt sich deutlicher.

Die weitere Bearbeitung des Themas kann gewählt werden (gestalttherapeutisch, theoretisch etc.) Mein bevorzugtes Mittel für die Erkenntnis und genauere Bearbeitung der Thematik ist das Mittel der Identifikation (abgeleitet von der Stuhlarbeit der Gestalttherapie, aber meinen Bedürfnissen entsprechend verändert, s. folgende Frage).

22. Frage: Was bedeutet das Arbeitsmittel der Identifikation für deine Therapie und Supervision?

Für mich ist im Laufe der Jahre die Identifikation ein immer wesentlicheres Erkenntnismittel in der Therapie geworden. Es ist einfach wahr, dass wir Menschen uns identifizieren können. Je sorgfältiger wir „in die Schuhe eines anderen" steigen und das Selbst und die Welt von der anderen Optik aus betrachten, bedenken und vor allem befühlen lernen, desto mehr Material können wir aus der Identifikation ernten. Die Familientherapie mit ihrer Skulpturarbeit hat erstaunliche Ergebnisse einfach aus der Stellung der gewählten Identifikationsvertreter in dem vorgestellten System gewonnen; ich habe viel davon gelernt. Ich gehe (ähnlich wie die Familientherapie) so vor: Wenn jemand aus der Supervisionsgruppe bereit ist, sich mit einer Person von Agnes' Thematik („mein Vater ist gestorben") zu identifizieren, dann bekommt er einen anderen Platz (den er sich selber ausgesucht hat) – sein eigener Platz als Person bleibt ihm – und dann beginne ich mit einem „empathischen Interview". Also in Agnes' Fall: Jemand versetzt sich in die Ehefrau des Verstorbenen, in Agnes selbst oder in eine andere Person der Familie.

Ich hole mir für diese gewählte Identifikationsfigur Daten (Geschlecht, Verwandtschaftsgrad mit dem Verstorbenen etc.)

und spreche dann zu der gewählten Identifikationsfigur, sagen wir der Ehefrau, mit persönlicher Anrede: „Danke schön, Frau Schmidt, dass Sie mir gestatten, einige persönliche Fragen an Sie zu richten ...“ Mit diesen persönlichen Fragen (wie lange ist der Tod her, wie lange waren Sie zusammen, wann kamen die Kinder, wie ging es Ihrem Mann mit seiner Arbeit..., seinen Kollegen..., seinem Stammtisch..., seinem Garten etc. etc.) bringe ich die Protagonistin der Gruppe, die sich mit der Ehefrau identifiziert hat, immer identischer in ihre Rolle hinein, so dass viel anamnestisches Material erzählt werden kann (nicht immer aus realem Wissen oder gegebenen Daten, sondern durchaus schon aus der Weisheit der Identifikation), die Identifikation im Gefühl wird immer stärker, so dass die „Frau Schmidt“ wichtige emotionale Phänomene erzählen kann, die tatsächlich für den verstorbenen Mann und die anderen Familienmitglieder zutreffen und für Agnes durchaus neu sein können.

Nach diesem Muster des „empathischen Interviews“ verlaufen die Identifikationssitzungen in der Regel (auch z. B., wenn Agnes sich selbst mit irgendeinem Mitglied ihrer Familie oder Verwandtschaft identifiziert!) und bringen die Arbeit in aller Regel der Lösung näher.

Die Identifikation wird aufgelöst, wenn sie ausgeschöpft ist; mein Dank und der

der Teilnehmer aneinander hilft zur Entlassung aus der Rolle, und die Ernte der Identifikation ist die nächste Aufgabe. Es ist häufig für alle ein Rätsel, wie authentisch die „Schauspieler" die Identifikation vorantreiben und die Gefühle der „gespielten" Person ausdrücken können. Menschen haben offenbar so reiches gemeinsames Gedanken- und Gefühlsmaterial, dass es nahezu immer gelingt, eine fruchtbare Problemerforschungsarbeit damit zu erreichen. Für Agnes' Thema kommt jedenfalls durch die „Sicht aus den anderen Schuhen" viel reicheres Erkennen des ganzen Geschehens heraus als durch theoretische Hypothesen und Gedanken.

23. Frage: Gibt es für dich eine Rangordnung der Werte?

Für mich gibt es so etwas. Ich stehe allerdings im Widerspruch zu einer landläufigen Skala, durch die mit „ehrlich währt am längsten" und verwandten Aussagen die Ehrlichkeit an die Spitze der Werte gestellt wird.

Ich habe in meinem Leben so oft erfahren, wie schädigend die gepriesene Ehrlichkeit wirken kann, dass ich ihr nicht die Lorbeeren des ersten Platzes geben kann. Sätze wie: „Ich finde dich ja ganz nett, aber wenn ich ehrlich bin ..." (worauf in der Regel eine verletzende „kritische" Bemerkung erfolgt, die mit konstruktiver Kritik häufig so viel gemein hat wie eine Giftspritze mit einer lebensrettenden Infusion) belehren mich eines Besseren.

Die Ehrlichkeit ist ihrem Wesen nach für Verletzungen so leicht zu missbrauchen, dass ich sehr große Fragezeichen hinter ihre Unbestechlichkeit und ihren absoluten Wert setze. Sicher sind Lauterkeit und Unbestechlichkeit sehr hohe Anforderungen an das menschliche Gemüt, aber wenn es um den ersten Platz auf der Werteskala geht, spielen sie für mich eine nachrangige Rolle.

Für mich haben einen eindeutigen ersten Platz die Liebe und das Erbarmen. Lügen können liebevoller oder erbarmender sein als die oft apostrophierte Ehrlichkeit. Das hat für mich natürlich Konsequenzen für meine therapeutische Arbeit. Wenn mich jemand fragt: „Glaubst Du an mich? Glaubst Du daran, dass ich es schaffe?" (z. B. die Prüfung, das Schuljahr, den Auszug zu Hause oder die Trennung von einem Partner), dann kann ich nach meiner diagnostischen „Ehrlichkeit" sicher öfter sagen: eigentlich nicht. Aber weiß ich, wie viel Lust am Verletzen, an irgendeiner Rache oder einer Destruktivität meine Worte färbt? Meine Liebe weiß, dass von mir eine Hilfe zur Selbstakzeptanz und zur Selbsthilfe gefordert wird und nicht ein diagnostisches Statement. Und zur Liebe gehört der Glaube an Entwicklung und

Wachstum, also werde ich wahrscheinlich mit „ja" antworten.

Leicht ist es nicht immer; und sicher gibt es Situationen, in denen eine eisklare Diagnostik angebracht sein könnte. Ich bin aber wesentlich öfter mit den Situationen konfrontiert worden, in denen meine Liebe als Stärkung des Glaubens an die eigene Kraft gefordert war und nicht meine Diagnostik. Das bedeutet keine Augenwischerei, sondern eine therapeutische Unterstützung.

24. Frage: Kannst du etwas zum Thema „Sehnsucht" sagen?

Viele Begegnungen zwischen Menschen, vor allem zwischen Frauen und Männern, beginnen mit der Sehnsucht. Die ganze Liebeslyrik ist von dem Thema Sehnsucht durchzogen, viele Workshop-Angebote richten sich bewusst oder unbewusst an Sehnsüchte der potentiellen Teilnehmer und Teilnehmerinnen; alle Religionen oder Sekten leben von der Sehnsucht der Menschen.

Ich vermute aber, nach allem was ich erlebt und miterlebt habe, dass die Enttäuschung ganz nahe bei der Sehnsucht ihren Platz hat, als ob selbst Erfüllung nicht ganz rein und leuchtend zu haben ist. Mir ist der Satz eingefallen: „Erfüllung gibt es nur um den Preis der Sehnsucht", der für mich etwas davon sagt, dass

„Sehnsuchtslosigkeit" wider Erwarten nicht als Lösung dienen kann.

Ich glaube nachgerade auch nicht mehr, dass es die Sehnsucht nach einer (nicht genossenen) Symbiose mit der Mutter im ersten Lebensjahr ist, um die es sich hier dreht – man findet sie genauso bei Leuten, die es im ersten Lebensjahr gut hatten.

Wenn in meinen Stunden das Wort Sehnsucht fällt, habe ich all dieses im Sinn. Und letztlich entsteht nach allen anderen versuchten Antworten die Wahrheit, dass Sehnsucht eine zutiefst menschliche Eigenschaft ist und – jenseits von allen Erfüllungen – zum Menschen gehörig bleibt als das Verlangen nach der Einheit mit der göttlichen Kraft, der göttlichen Liebe, der Zugehörigkeit zum Göttlichen überhaupt. Diese Erkenntnis hilft, wenn der ersehnte Partner enttäuscht (er wird mit der Sehnsucht in der Regel überfordert), wenn der ersehnte Lebenssinn, den eine eigene Familie verheißt, keine Erfüllung bringt, oder wenn heiß ersehnte Utopien sich als unerfüllbar erweisen. Wir sind offenbar mit der Sehnsucht – zurück nach unserer göttlichen Herkunft oder nach vorn auf die verheißene Zugehörigkeit oder Heimkunft im Göttlichen – erst wirklich als Menschen begreifbar, so dass wir die Sehnsucht als unsere ureigene Eigenschaft akzeptieren lernen müssen.

25. Frage: Ist für dich die Spannung zwischen Nähe und Distanz in der Beziehung zu lösen?

Was nach der anfänglichen Sehnsucht nach Verschmelzung mit dem Partner und ihrer Erfüllung immer störend auftritt, ist die Entdeckung, dass eine unbändige Lust nach eigenen Bereichen, nach Selbstbestimmung, nach andersartiger Identifizierung, nach thematisch anderem Austausch oder nach anderen, neuen Begegnungen aufkommt. Da entsteht dann die viel beklagte Entfremdung oder die unerträgliche Spannung zwischen der Nähe, der Symbiose und der Entfernung in der Beziehung.

Ich denke, dass diese Spannung nicht zu lösen ist, sondern immer wieder balanciert werden muss. Mit anderen Worten: Auf die Symbiose muss, genau wie im Kindesalter, die Individuation folgen, die Eigendrehung muss den Zustand der gemeinsamen Bewegung ablösen. Die Sehnsucht nach inniger Verschmelzung wird immer wieder enttäuscht, und die Eigendrehung behauptet immer wieder ihr Recht. Beide Kreise können sich begegnen; eine ständige Nähe gibt es nicht, es gibt nur die Spannung zwischen den Partnern, sonst wird die Beziehung so, wie meine Elterngeneration und viele Generationen davor die Partnerschaft verstanden, nämlich als eine komplementäre Beziehung, in der jeder den anderen so sehr für sein Selbstverständnis brauchte, dass eigene Impulse (vor allem für die Frau) verboten waren, Meinungsverschiedenheiten zu Erdbeben führten und keiner sich allein als vollständiger Mensch erleben konnte. Auch das Gegenteil dieser komplementären Beziehung – die volle Autarkie beider Partner – bietet keine lebbare Lösung; der Wunsch und das Streben nach Zugehörigkeit (auch mit vielen Kompromissen) ist ebenso im Menschen verankert wie die Sehnsucht nach Autonomie und totaler Eigendrehung.

Aber bereits die Partnerwahl nimmt alle Merkmale des späteren Eheentwurfs vorweg. Eine Frau, die einen Partner wählt, der ihrem Vater ähnlich zu sein scheint, ist erfüllt von der Sehnsucht der Seele, die beim Vater nicht erlebte Nähe, Zugewandtheit, Liebe oder emotionale Offenheit für ihre kindliche Persönlichkeit bei diesem zweiten Versuch zur Erfüllung zu bringen. Sie wird also neben diesem Streben wenig Kapazität für etwaige Wünsche nach Freiheit etc. entwickeln können.

Oder ein Mann, der in der Frau die Erfüllung der bei der eigenen Mutter unerfüllten Sehnsucht nach bedingungsloser Hingabe, nach Verständnis und nach liebevoller Geborgenheit sucht, wird keine Bedürfnisse nach erwachsener, intersubjektiver Beziehung entwickeln können oder wollen. Beide Partner sind dann in ihren Sehnsüchten nach der endlichen Wiedererstehung einer Person aus der Vergangenheit gefangen, und eine solche Partnerschaft hat wenig Aussichten auf eine (gesunde!) Spannung zwischen Nähe und Entfernung, Symbiose und Individuation.

Eine andere Partnerwahl beschwört andere Gefahren herauf. Die Ursache besteht in der viel beschriebenen Faszination. Wenn die Frau von dem Mann oder der Mann von der Frau fasziniert ist, dann ist die Ursache immer eine Eigenschaft, die der oder die Betroffene selbst nicht besitzt: „Gegensätze ziehen sich an", sagt das Sprichwort. Wenn ich meinen Partner also wegen seiner überlegenen Ruhe und er mich wegen meiner quirligen Lebendigkeit gewählt hat, dann entsteht ganz sicher der erste Streit über diese gegensätzlichen Eigenschaften. Denn solange mein Partner die (ihm fehlende) quirlige Lebendigkeit nicht in sich entwickelt und ich nicht seine mir fehlende abgeklärte Ruhe, solange werden beide Eigenarten bei dem jeweils anderen Partner ein Dorn im Auge sein, denn keiner sieht gerne bei dem anderen eine Eigenart, die ihn deshalb fesselt, weil sie ihm fehlt. Nur wenn beide Partner versuchen, das ihnen Fehlende auch zu verkörpern, werden sie der Falle der Faszination entgehen.

So vielfältige Versuche es gegeben hat und gibt, die Spannung zwischen Nähe und Distanz – Einheit und Zweiheit – zu lösen, so sicher ist es, dass, zumindest heute, die Aufgabe für alle Partnerschaften darin besteht, die Spannung zwischen Einheit und Zweiheit zu balancieren, d. h. neben der Eigendrehung immer die gemeinsame und neben der gemeinsamen Bewegung immer die Eigendrehung zu vollführen und wertzuschätzen.

26. Frage: Was bedeutet in deiner Therapie das Thema „Zugehörigkeit"?

Den Begriff habe ich bereits anlässlich einiger vorheriger Fragen gebraucht. (s. auch 1. Jahr in „Alle sieben Jahre …")

Ich habe gelernt, dass sehr viele meiner Klienten und Klientinnen, ohne dass dieses Thema in ihren Problembereichen direkt auftaucht, an einer fast sprachlosen Nichtzugehörigkeit litten. Die Nichtzugehörigkeit bildet in der Regel bereits vor der differenzierten Ausprägung der Identität, also in dem ersten Jahr, das dumpf erlittene, oft beweinte, nie ausdrückbare Grundmuster der Existenz. Selbst etwas später, also in den ersten drei Jahren, wird sie weiterhin wortlos als unaussprechliches Leiden unterhalb der schon ausgeprägten Gefühle von Eifersucht, Rivalität, Einsamkeit, Neid etc. erduldet. Sie kann in einer kleineren oder größeren Geschwisterrunde und auch im Einzeldasein entstehen, und sie entsteht so unerkennbar wie später die allmähliche Ausgliederung eines Menschen aus einer

Solidargemeinschaft. Es ist, als hätte ein Kind einen fremden Geruch oder fremdartige Ausdrucksweisen an sich – es bleibt unverbunden; es bleibt unmerklich immer mehr draußen und erlebt diese Nichtzugehörigkeit als unentrinnbares Schicksal. Diese Lebenserfahrung setzt sich in dem Kind und in der es umgebenden Menschenwelt ganz häufig fort, so dass im Kindergarten und später in der Schule durchaus die gleichen Erfahrungen gemacht und auch vom Umfeld verstärkt werden können. Die Nichtzugehörigkeit gehört für mich zu den Karrieren, die sich „von allein" fortsetzen und ein ganzes Menschenleben prägen können, selbst wenn oberhalb dieser Prägung dem Anschein nach andere, bessere, verbindendere Erfahrungen gemacht werden.

Ich denke, dass häufig in unserer Tradition hervorragende Einzelleistungen und beispielhafte Lebensführungen aus dieser Nichtzugehörigkeit entstanden sind. Für mich hat diese Prägung aber auch eine durchaus tragische Färbung. Sie führt u. a. zu der inneren Überzeugung: „Wenn ich einen Raum verlasse, weiß gewiss keiner mehr meinen Namen", zu diesem Gefühl, „Aus den Augen, aus dem Sinn" zu sein, und sie führt folgerichtig zu einem wachsenden Misstrauen in menschliche Zugewandtheit, Nähe oder Freundschaft.

Ich vermute sogar, dass die Zwanghaftigkeit eine Auswirkung dieser Prägung ist:

Wenn jemand zu keinem Menschen gehört, dann hat er nur die Dinge; und sie werden immer mächtiger, bis er sie aus Angst vor ihrer Übermacht mit Ritualen beschwören muss (s. „Alle sieben Jahre …“)

Ich habe andererseits auch beobachtet, dass Menschen mit dieser frühen Prägung der Nichtzugehörigkeit viele Sprachen lernen und fremde Länder bereisen, um entweder dort (mit ganz neuen, selbst beeinflussten Bedingungen) Zugehörigkeit zu erwirtschaften, – oder um bei der Rückkehr in die Heimat durch die vertraute Sprache und Umgebung etwas ähnliches wie Zugehörigkeit zu erleben und damit Balsam auf die alten Wunden zu streichen.

Eine weitere tragische Folge aus dieser Karriere sehe ich in dem so genannten Sündenbocksyndrom. Wenn ein so „ausgegliederter“ Mensch auf seiner bangen Suche nach Zugehörigkeit in eine Gesellschaft oder Gruppe gerät, die von einem Elitedenken oder auch nur einem Gefühl: „Wir sind schon zu etwas Besonderem zusammengewachsen“ (beispielsweise ingroups in einer therapeutischen Gruppe) erfüllt oder an einer Führungsperson (Guru, Therapeut, Staatsmann, Geistlicher etc.) orientiert und auf dessen Wertschätzung fixiert ist, dann passiert schnell und unbewusst eine Ablehnung, Ausgliederung und Stigmatisierung des „Eindringlings“. Er ist der „Gegner“, unbequem, lästig und damit der

willkommene Adressat für alle Misshelligkeiten oder Probleme in der Gruppe, er ist
der Sündenbock.

Da diese Menschen aufgrund ihres Ent-
wicklungsschicksals meistens zwei Eigenschaften aufweisen, nämlich eine – notvoll
oder trotzig gewachsene – Stärke und eine
Schwäche, die aus Angst vor der Welt und
Sehnsucht nach ihrer Zuwendung gewachsen ist, bieten sie sich förmlich an zur Miss-
achtung, herablassender Gönnerhaftigkeit
oder selbstverständlicher Feindschaft. Beide Eigenschaften reizen eine (wie oben beschriebene) Gruppe. Die Stärke erbost, weil
sie eine Konkurrenz für die Gruppenstärke
oder die Stärke der Führungspersönlich-
keit bedeutet. Die Schwäche erbost, weil
ihre stumme und flehentliche Bitte: „Lasst
mich leben und nehmt mich auf!" allen An-
wesenden peinlich ist (weil aus ihrer eigenen Geschichte bekannt) und als Abwehr
der Erinnerungen den leise triumphieren-
den Sadismus freisetzt. So wird dieser Ein-
dringling abgewehrt und kann dadurch bis
zur psychotischen Reaktion gedrängt werden. Gleiches kann im Kinderzimmer zwischen Geschwistern, in Kirchen, in Ländern
etc. entstehen, überall dort, wo misstrauisch
und aggressiv der eigene Selbstwert ver-
teidigt wird und wo daher keine Freiheit,
Toleranz und Liebe entstehen kann.

27. Frage: Du sprichst oft von der „listigen" Natur, was bedeutet das für deine Sicht vom Menschen?

Für diese Frage bin ich besonders dankbar, denn das Wort „List" ist mir immer wichtiger geworden: Alles Leben ist für mich eine ständige Überlistung des Todes. Immer wieder scheint der Tod zu siegen, aber ob in der „Angstblüte" der Bäume oder in der unendlich zahlreichen Samenbereitstellung der Pflanzen oder in vielen anderen geheimen Vorsorgen für die Lebensfortsetzung: Es zeigt sich eine mächtige „List", die gleichzeitig den Tod anerkennt und überwindet.

Gleiches beobachte ich oft bei Menschen. Es gibt so viele Bedrohungen von der frühesten Kindheit des Menschen an, seien sie seelischer, sozialer, geistiger oder körperlicher Art, dass es für mich eine von ständiger Überlebenslist zeugende, zähe und heimliche Kraft geben muss, die dergestalt bedrohte und geschundene Menschen dennoch erhält und irgendwann lebendig in mein Therapiezimmer treten lässt. Auch der Umgang mit den eigenen todbringenden Stimmen (Introjekten) kann schon mal in höchst effektiver Weise von List geprägt sein. Wenn ich ihn z. B. einfach mit dem („unmöglichen"!) Satz umschreibe: „Ich bin weder gehorsam noch offen für giftige Argumente; ich bin kritiklos und parteilich auf meiner Seite", dann

klingt das, als sei ich nicht eine höchst be-
eindruckbare bange Frau (was ich bin),
sondern ein dümmliches, bockiges, un-
einsichtiges und daher nicht manipulier-
bares Menschenskind. Diese Umgehens-
weise mit den Introjekten ist in ihrer
Unangemessenheit einfach listig und von
daher höchst effektiv.

Eine weitere List unserer bedrohten
Existenz sehe ich im Vergessen. Wir werden durch die Reizüberflutung derart
in unserem Gedächtnis strapaziert, dass
schlimme Folgen wahrscheinlich wären;
also filtern wir unbewusst, rücksichtslos
und doch unmerklich, und so erhalten wir
unsere Unversehrtheit.

Ein schönes Beispiel aus der Natur er-
zähle ich gerne bei Menschen, die vor dem
Gebrauch von Listen (z. B. aus ethischen
Gründen) zurückschrecken:

Ein mächtiger Strom lässt sein
Wasser bis zur endgültigen Er-
starkung (und selbst dann noch)
stets und jederzeit den Weg des
kleinsten Widerstandes suchen, und nur
daraus entsteht seine alles bezwingende
Macht. Ich habe erfahren und behaupte:
Neben aller achtbaren menschlichen Stärke, die sich in der kraftvollen Überwindung von Widerständen etc. erprobt, gibt
es auch im Menschen diese heimliche
durch Listen sich erhaltende Lebenskraft,
und ich bin sicher, jeder und jede kennt
etwas von ihr.

28.

Frage: Wie kannst du handlungsfähig bleiben, wenn ein Klient oder eine Klientin plötzlich mit starken Anschuldigungen, wütenden Vorwürfen oder ähnlichem reagiert?

Es ist für mich sehr schwer, bei solchen Zornausbrüchen und Beleidigungen souverän zu bleiben. Jede Reaktion ist gefährlich, weil sie Öl ins Feuer gießen kann, d. h. die Lage zumindest unübersichtlich werden lässt. Ich habe drei Hilfen entdeckt:

1. Es ist äußerst wichtig, nicht durch Ironie oder Besserwisserei siegen zu wollen; man muss vermuten, dass das Gegenüber in einem borderline-ähnlichen Ausnahmezustand ist, wo Siegen kontraindiziert ist: Der Kampf könnte dann bis zur gerichtlichen Auseinandersetzung oder zur körperlichen Bedrohung gehen.

2. Wenn man es geschafft hat, den Kampf zu vermeiden, kann man überlegen,

– was an der Anklage stimmen könnte,

– was eine von einem selbst unbeabsichtigte Verletzung des Gegenübers gewesen sein könnte und

– was Projektion seitens der Klientin oder des Klienten sein könnte. Das kann ich dann in der Stille von mir abwenden und in seiner Funktion für das Gegenüber erkennen.

3. Man kann dann diagnostisch weiterdenken: so wie dieser Mensch sich mir gegenüber benimmt, tut er es sicher auch draußen in seiner Umwelt, und so wie ich

innerlich am liebsten reagieren würde –
mit Empörung, Hinauswurf – so wird die
Welt auf diesen Menschen sicher meistens
reagieren. Ich kann also einige Hinweise
auf die Entwicklung dieses Menschen bekommen.

Mit diesen Hilfen kann ich möglicherweise über meine Wut erfolgreich hinweg-
kommen, und dann kann ich in Ruhe und
mit Verständnis zunächst einmal Missver-
ständnisse klären. Für eine etwa zugefügte
Verletzung kann ich um Verzeihung bitten
(sehr wichtig! Die meisten Klienten oder
Klientinnen erleben so etwas zum ersten
Mal) und kann dann mit Anteilnahme die
offenbar lebenslang gestaute Wut mit meinem Gegenüber betrachten und die Reaktion der Umwelt heute bei derartigen Aus-
brüchen besprechen.

Einwände wie: Wut müsse man eben
rauslassen, eine solche Erregung sei doch
herrlich, und der Therapeut oder die Therapeutin müsse so etwas doch ertragen bei
der Bezahlung. Schließlich sei das doch hier
ein Dienstleistungsbetrieb etc. bedürfen
wieder einer souveränen, d. h. nicht reakti-
ven Behandlung. Aber man kann, vielleicht
bei dem Dienstleistungsbetrieb beginnend,
den Vergleich mit einem Installateur o.ä.
wählen, dessen Arbeit oder Person man ja
auch menschenwürdig zu behandeln gelernt habe; eine solche Tirade würde man
keinem Dienstleistungsbetrieb zumuten,

denn sie würde stets nur Widerstand, nie aber eine effektive hilfsbereite Handlung hervorrufen. Dieser Vergleich bringt die Debatte weg von dem (falsch verstandenen) therapeutischen Prinzip, dass Gefühle „rausgelassen" werden müssten, und hin zur intersubjektiven Betrachtung. (Erläuterungen dieser Art können natürlich nicht als erste Reaktion gegeben werden, sie werden dann nicht gehört oder verstärken die Wut.)

Dennoch hat der Therapeut oder die Therapeutin ein Recht, ihre Würde und die Grenzen des therapeutischen settings zu wahren, und er oder sie kann wie oben beschrieben für die Wahrung der Würde und die Unantastbarkeit des therapeutischen Raumes arbeiten. (Für die eigene Heilung und Rekonvaleszenz nach einer solchen Verletzung braucht man allerdings Zeit und Genossen, die einen verstehen und stärken.)

29. Frage: Wie denkst du über Geld als Gegenwert für die Therapie?

Es ist ein verbreitetes Leiden, vor allem wieder bei Therapeutinnen, dass sie kein Recht auf Entlohnung ihrer therapeutischen Tätigkeit fühlen. Sie fühlen sich schäbig, gewinnsüchtig oder auch sogar untherapeutisch, wenn sie sich ihre helfende oder heilende Tätigkeit bezahlen lassen. Ich kenne dieses Leiden auch noch und habe mir ständig sagen müssen: „Jede Arbeit ist ihres Lohnes wert", ohne aber dadurch eine anhaltende Berechtigung zu spüren, für diese Tätigkeit, die oft „nur" aus Kontakt, Zuhören und Antworten besteht, Geld zu verlangen. Ich habe mir dann, als Hilfsüberlegung, klargemacht, was in der Therapie bezahlbar ist und was tatsächlich nicht „gekauft" werden kann.

Meine Zeit, mein Raum, meine Präsenz, meine Kompetenz, meine Geduld, meine Solidarität und mein authentisches Kontaktangebot sind Werte, die gefordert werden können und dann entlohnt werden müssen. Was darüber hinaus geschieht – tiefe Begegnung, Wachstum, gegenseitige Zündung (= „der Funke springt über"), Vertrauen, und letztlich Linderung der Leiden oder gar Heilung, – das betrachte ich als gegenseitiges Geschenk, letztlich als ein Wunder; und das kann seinem Wesen nach nicht bezahlt werden. Es geschieht jenseits aller planbaren Bemühungen. Mit dieser Denkhilfe kann ich einen angemessenen Preis nehmen.

30. Frage: Wie kommt es nach deiner Erfahrung, dass die Gestalttherapie oft nicht mehr als wirksames Verfahren erscheint?

1. Ich bin nach all meinen Erfahrungen als Klientin und als Therapeutin zu der Überzeugung gekommen, dass die klassische Gestalttherapie, trotz ihrer frischen Dramatik

und befreienden Vorgehensweise, bei Leiden wie Missbrauch oder anders entstandenen frühen Störungen keinen heilenden Zugang besitzt.

Sie hat ihn lange für sich beansprucht; es sind dadurch aber häufig tiefere und sogar irreversible Schädigungen entstanden. Ich meine, das kommt daher, dass die Gestalttherapie sich, ihrem Menschenbild entsprechend, mit der bereits entstandenen Identität, d. h. lediglich mit Neurosen beschäftigt, und keinen Blick hat z. B. für das frühe Grauen, das Menschen mitbringen. Das wurde in meiner langen Lehrzeit z. B. stets missachtet, weil es keine Sprache hatte. Dieses Grauen ist vorsprachlich, d. h. vor der Identitätsausprägung entstanden, in der frühen Zeit, in der die narzisstischen Störungen geschahen.

So hat die Gestalttherapie keinen Sinn für die Bedingungen, unter denen die Identität entsteht. Die von ihr in den Blick gehobenen Neurosen werden von ihr klassischerweise nicht als höchst notwendige Bewältigungsstrategien von frühen Störungen gesehen oder als Bewältigungsstrategien für die psychotisierenden frühen Lebensbedrohungen gewürdigt.

Ich möchte hier an die Zen-Geschichte erinnern, die ich in „Alle sieben Jahre …" (S. 14) beschrieb und immer wieder gerne erzähle, um zu illustrieren, was ich meine.

Ein Flüchtling rennt um sein Leben, um seinen übermächtigen Verfolgern zu entkommen. Er erreicht aber keine Rettung, immer wieder sieht er sie hinter sich auftauchen. Und dann steht er plötzlich am steilen Ufer eines reißenden Flusses. Nun gibt es kein Entkommen mehr; er kann nur ertrinken oder erschlagen werden. Trotz seiner Verzweiflung schaut er ins Flussbett hinunter. Da sieht er einen Kahn mit zwei Riemen und einem Steuerruder. Er schafft es, die Klippen hinunterzuklettern, in das Boot zu steigen und, gegen die starke Strömung, das andere Ufer zu erreichen. Fürs erste ist er gerettet. Eins ist ihm klar: Das Boot hat ihn gerettet, das Boot muss er mitnehmen. Mit dem Boot erreicht er in unsäglicher Mühe den Klippenrand. Er stülpt sich das Boot über den Kopf und hält es mit den Händen fest; so setzt er seine Flucht fort. Das Boot beengt seinen Blick, zwingt ihn in eine unfreie Haltung und erschwert seinen Lauf enorm. Er muss erleben, dass die weitere Flucht nur über Land geht. Dennoch bleibt das Boot sein Rettungsmittel, das er gewiss nie freiwillig aus der Hand geben wird.

Dieses Bild zeigt mir den von Neurosen geplagten Menschen. Als Gestalttherapeutin müsste ich den Menschen die Freiheit entdecken lassen, wenn er das „Boot" (die Neurose) einfach ablegen würde. Ich würde dabei nicht sehen, was dahinter steckt: Das ganze Leben dieses Menschen ist eine Flucht, nie darf er das Rettungsmittel fahrlässig loslassen, er ist dadurch knapp einer entsetzlichen Bedrohung entronnen. Ich kann also nur ahnend erfassen, dass der Mensch ganz früh etwas erlitten hat, was er nur durch diese Bewältigung ausdrückt. Dieses frühe Erleben ist den Heilungsmöglichkeiten der klassischen Gestalttherapie nicht zugänglich.

Von daher wird mir klar, dass ich viel leiseren, ja, unhörbaren Botschaften folgen muss, um an die Wurzel der Erkrankung zu kommen. Dieser Weg ist oft auf eine wieder kaum sichtbare Weise so schmerzhaft und bringt so entsetzliche Erinnerungen in die Nähe der Oberfläche, dass der Mensch sich nur noch gegen jede Berührung wehren kann. Das ist keine „Vermeidung" im gestalttherapeutischen Sinne!

Das Gesetz: „Wo die Angst ist, geht's entlang" oder das andere „Wenn du durch die Höllentiefe durchgehst, kommst du ins Leben" können hier nicht gelten. Der tiefe Abstieg in die Lebensbedrohung von damals, in das frühe sprachlose Grauen und eine Bearbeitung nach dem Motto: „Da musst du durch, je gründlicher, desto besser, denn durch diese Tiefe führt der Weg ins wahre Leben", kann den Klienten oder die Klientin in einen autistischen oder sonst wie psychotischen Seelenzustand führen, aus dem ein „Aufstieg ins Leben" kaum oder gar nicht möglich ist. Da diese frühe Zeit vorsprachlich und vor der Ausprägung differenzierter Gefühle lag, können keine klaren Aggressionen oder andere Schmerzreaktionen gefühlt und „durchgearbeitet" werden. Es kann aber, und das empfinde ich als äußerst gefährlich, durch die gestalttherapeutische Lockung eine gestaltlose, ohnmächtige Urwut aufsteigen, die keinerlei reinigende, sondern im Gegenteil, nur eine destruktive Wirkung haben kann.

Von daher gehe ich auch mit einer gezielten Aggression, wenn sie mich auch nur ein wenig an ohnmächtige Urwut erinnert, nicht mehr so um, dass ich sie ausagieren lasse – sie führt ganz häufig ohne Ausweg in das frühe Grauen und ist dadurch weder reinigend noch lösend. Ich muss also, ganz bewusst, den heute Erwachsenen ständig wach halten und mit ihm zusammen das kleine geschundene innere Kind, soweit es geht, verstehen und ihm Tröstung versprechen. Es ist eine undramatische Arbeit in kleinen Schritten, ohne sichtbare Katharsis-Erlebnisse, und sie verlangt viel Geduld, Solidarität und Liebe, damit die frühen tödlichen Ängste ein wenig schmelzen können und langsam das Vertrauen in die Welt und in den eigenen göttlichen Lebensentwurf entstehen kann.

2. Ich habe während meiner Lehrzeit als Gestalttherapeutin keinen Zugang zu

Lebens-Phänomenen wie Schicksal, Karma, Fatalität des Lebens in Systemen etc. bekommen. „Du bist deines Glückes Schmied!" war lange die Devise, und darum konnte jedes erfahrene Leid als selbstverschuldet oder selbstgewählt interpretiert werden. Diese Individualisierung aller bösen Geschicke im Leben der Klienten führt als neues Introjekt wieder in die Grundangst: Ich bin an allem schuld. Sicher kann es durchaus ratsam sein, der Klientin oder (vor allem) dem Klienten das Grundmuster, für alles Leid und alle Schwierigkeiten die Umwelt schuldig zu machen, aus der Hand zu winden und die eigenen Anteile und Verantwortungen aufzuzeigen.

Aber beide Seiten der Medaille – mein Anteil und der Anteil des Schicksals –, müssen gleiches Gewicht bekommen; das ist die eigentliche klärende Arbeit der Therapie.

3. Für meine Erfahrung gab es in der Gestalttherapie nur das „Hier und Jetzt", wodurch Vergangenheit und Zukunft, also die Geschichtlichkeit des Menschen, aus dem Blick geriet.

So sicher wir die Konzentration auf den Augenblick für unsere Selbst- und Fremdwahrnehmung brauchten, so sicher wurde uns mit dieser Negierung der Geschichte auch eine Wesensprägung und Selbstsicht (als Glied einer Familie mit vielen Generationen z. B.) genommen, ohne die wir uns nur situativ, also bruchstückhaft erfahren konnten. Erst die Familientherapie mit ihrem systematischen und geschichtlichen Blick hat da eine wichtige Lücke geschlossen.

Die letzte Frage: Was ist der Sinn dieses Frage- und Antwortspiels?

Die Frage kann ich gut verstehen. Ich habe mit den Mitteln meiner eigenen Erfahrung als Klientin, Therapeutin und Mitmensch viele oft abgehandelte Themen noch einmal behandelt, ich wiederhole mich und bin oft sehr redselig ...

Der Sinn liegt für mich in dem Dialog, der situativ immer wieder auch alte Themen berühren kann und darf. Durch die Dialogsituation wird das Wissen immer von neuem gezündet und nützlich gemacht. Verknüpfungen erscheinen wie von selbst und die Verständlichkeit der Phänomene wird durch den immer neuen Fokus leichter gemacht.

Im Dialog geschieht gegenseitige Förderung und immer wieder neu gesehenes Leben. Daher liebe ich Fragen und gebe gerne, redundant oder nicht, Antworten, die dann gut sind, wenn sie in der Fragesituation nützlich werden.

Über die Autorin

Julia Monika Ross wurde 1929 als zweite Tochter in ein Pastorenhaus hineingeboren. Nach einer streng preußischen, aber behüteten Kindheit änderte sich mit Kriegsbeginn alles. Der Vater kam schwer verletzt aus dem Krieg zurück. Die Mutter plagte sich außer mit dem Hunger noch mit dem bettlägerigen Mann, den inzwischen vier Kindern und dem Pastorat. Über der Familie lagen also zunehmend schwere Schatten.

Nach dem Abitur studierte die Autorin (als es wieder Plätze an der Uni gab) Germanistik und – um ihren Vater verstehen zu lernen – Theologie. Mit der Heirat verließ sie das Elternhaus, und nach dem Studium begann die Zeit der eigenen Kinder. Das förderte die Entscheidung, nicht an einem öffentlichen Gymnasium zu arbeiten, sondern zusammen mit zwei anderen Lehrkräften in räumlicher Nähe eine kleine Schule in einem Heim für schwer behinderte junge Erwachsene zu gründen. Das Besondere an dieser Arbeit bestand darin, neben der Wissensvermittlung die ständige Motivationstherapie zu leisten.

Die Beendigung der schwierigen Ehe brachte den Umzug in eine Kleinstadt, wo sie therapeutisch mit randständigen Jugendlichen arbeitete. Nach drei Jahren dieser sozialtherapeutischen Arbeit bekam sie das Angebot, eine neu entstehende tiefenpsychologisch orientierte Kinder- und Jugendpsychiatrie mit zu gründen. Sie lernte in dieser Arbeit, wie auch in den vorigen, viel für sich und ihre therapeutische Praxis.

Es ergab sich dann die Möglichkeit, an einem gerade entstehenden bundesweiten Therapieausbildungsinstitut mitzuarbeiten. Zehn Jahre bildete sie also TherapeutInnen aus; danach zog sie sich zurück, um weiter als freie Therapeutin und Supervisorin zu arbeiten.

Wie kam es zu diesem Buch?

Die Autorin: „Was bietet sich an, wenn im therapeutischen Alltag die Fragen immer dringlicher werden? Mir wurde mit der Zeit bewusst, dass ich eine Reihe von Antworten geben konnte und wollte.

Dieses Buch besteht also aus lauter Antworten aus meinen Praxiserfahrungen und meinem persönlichen Denken und Empfinden. Die erste Frage beanspruchte schließlich den gesamten ersten Teil des Buches.

Die anderen Detailfragen aus den verschiedensten Problemgebieten wurden genauso praktisch wie theoretisch beantwortet und bilden den zweiten Teil."

Schlussbemerkung

Ich habe bei diesen beiden Arbeiten viel gute Unterstützung von Menschen meiner Umgebung erhalten; ich möchte mich an dieser Stelle herzlich für alle Hilfe bedanken. Ohne sie wären die vorliegenden Berichte sicher nicht zustande gekommen.